A REPORT

The Hispanic Community, the Church and the Northeast Center for Hispanics

Bilingual Edition

D0907338

Northeast Catholic Pastoral Center for Hispanics, Inc.
1011 First Avenue   New York, N.Y. 10022

Library of Congress Catalog No. 82-73729

ISBN number: 0-939832-05-4

First edition, October 1981
Second edition, October 1982

Writing Committee	*Consultants*
Mrs. Carmen Castro	Fr. Lorenzo Albacete
Fr. Octavio Cisneros	Fr. Roberto González
Most. Rev. Francisco Garmendia	Fr. Philip Murnion
Mr. Mario J. Paredes	Fr. Kenneth Smith
Fr. Rutilio del Riego	Fr. Robert Stern

Cover Design: Gloria Ortiz

Printed in U.S.A.
Spanish American Printing Corp.
New York, N.Y. 10011

Table of Contents

PART III
THE NORTHEAST PASTORAL CENTER FOR HISPANICS

FORWARD

The origins of this report were actually quite simple. It was designed to commemorate the first five years of the existence of the Northeast Pastoral Center for Hispanics. The Center, therefore, drew up material that would provide anyone interested in its activities with a summary of what the Center had accomplished during these five years of existence. A committee was then created to set itself to this task. Very soon, however, a new idea emerged, which expressed itself in the following manner: since the Center owes its existence to the challenge the Church is facing in the Northeast, i.e., to its new and growing Hispanic communities, it is imperative that we elaborate upon this challenge. Without a description of this challenge, a summary of the Center's activities would be otherwise meaningless. In further discussion, we concluded that some hint of our future direction would also be in order.

The results are the pages that follow. The initial part portrays the situation that Hispanics are faced within the Northeast. Next, the report tries to gain some insight, first into the religious life of those who comprise the majority of the Church in the Northeast, side by side with that of the Hispanic newcomers; then into the ministry of the Church to Hispanics. The last part deals with the Center itself.

The staff of the Center wishes to thank all who have sustained it during these last five years. It also wishes to thank the members of the Board of Directors — in particular those who have served as the Board's chairmen, Fr. José Alvarez, the Bishop René Valero, Mr. Isidro Castro and Fr. Octavio Cisneros — and the very many others who have worked with and for its efforts. Among these are the Diocesan Directors of the Hispanic Apostolate of the region. Their association these years under the Chairmanship of Msgr. William Reynolds., Fr. Thomas Craven and Fr. Sean O'Malley has been of major importance for the Center's progress.

Most especially, the Center's staff acknowledges with deep gratitude the concern of the region's bishop for the Hispanic community. Among these, one has to single out Cardinal Cooke for the unceasing encouragement he has given to the Center from its very inception up until now. Without his personal interest and enthusiasm, the Center's programs would have been but only a bare fraction of what it has become. Likewise, mention must be given to Bishop Mugavero. Probably more than half of the region's Hispanic population resides

1

in the territories of the Archdiocese of New York and the Diocese of Brooklyn. As a result, since the Center's funding is apportioned among Northeast dioceses according to the percentage of Hispanic population within each diocese, more than 50% of its monetary support derives from these two dioceses. Obviously, without the support of their ordinaries, the Center would not have been able to function.

Mario J. Paredes
Executive Director
Northeast Catholic Center for Hispanics

ABSTRACT

PART I

Hispanics of the Northeast

A. Demographic Data

Hispanics number more or less 4,000,000 persons in the Northeast. This figure includes undocumented immigrants. Although the majority live in the New York metropolitan area, they are found in every other part of the region as well. Forty percent of Northeast Hispanics are Puerto Ricans. Every other Hispanic ethnic group, however, is represented in the population.

Except for Cubans, Hispanics are substantially younger than the non-Hispanic United States population. If the 4,000,000 estimate is accurate, then 2,000,000 Hispanic persons are under 21, with two-thirds of these being between 6 and 21.

Hispanics in general earn less than other people in the United States. Puerto Ricans earn the least. Their economic situation is appreciably lower among Hispanics than it is among others, although there are signs of improvement.

B. Culture and Cultural Values

Culture and cultural values distinguish the Hispanic community. The first and most obvious factor is language. A very large proportion of Hispanic people have Spanish as their usual household tongue. Hispanics are attached to their language despite the necessity of learning English. Among the many values that play a role in Hispanic culture, the preeminent one is the value of persons in relationship. Although parts of what accompany this breakdown in the new country of residence and in the face of the dominant cultures (for example, the importance of the extended family), the basic outlook perdures. This positive value can occasion conflicts in daily life. Other value orientations are evident, some of which are negative, at least in part (for example, some aspects of machismo). In viewing culture, one must note that the several Hispanic groups widely differ even if there are common threads of similarity.

Disintegration of moral standards can be observed in the Hispanic community as it is observed in the rest of the society. Abortion rates provide an alarming case. The presence of Hispanics before the courts of criminal justice in the criminal justice system also causes concern.

3

A review of the difficulties of Hispanic people with the law, courts and prisons serves as an example of the complexity of life for many Hispanics in the United States.

It is important to realize that Hispanics are noninvolved politically in the area. Often enough, noninvolvement with Northeast politics is accompanied by active interest in the current political realities of the places of origin.

C. Hispanic Identity and Identity Supports

The "melting-pot" theory of Americanization has been exposed as false and harmful, to both the nation and newcomers. Ethnic diversity contributes positively to the society while ethnic identity is a richness that individuals lose to their detriment.

Hispanics need support for their Hispanic identity, its positive values, its traditions and culture while adapting to a new society. The general culture needs to accept that identity, appreciate it and learn from it where appropriate. The history of Puerto Rico and Mexican-Americans demonstrate the ill-effects damaged identity can have.

A major difficulty in the Northeast for an Hispanic identity is the diversity of the Hispanic community. Not only are there differences of education, social and economic class, but the differences of the many national backgrounds of the community. For their own sake, it seems Hispanics should seek a sense of unity. The non-Hispanic population already tends to see Hispanics as a single entity first and of particular origin second.

Agencies and instruments for forging and reinforcing Hispanic identity in the Northeast are weak. The rapid growth of the population and its many problems makes the need urgent. The Catholic Church can and by its nature should have a key role in supplying answers.

PART II

Religion, the Church, the Hispanic Community

A. Hispanic Catholicism and the Church in the Northeast

Most Hispanics identify themselves as Catholics. Their Catholicism, however, and religious practice are not the same culturally as the dominant forms of Catholicism and religiosity among Catholics in the Northeast. Hispanic Catholicism in this hemisphere has its own history, distinct from its European parentage. Variously, it draws on Indian and black heritages as well. This popular religion evidences itself in every facet of life, even if it does not always produce fidelity to practices like Mass attendance. It is a Catholicism of personal relationships in which Mary and the saints have a very active place. Among its negative elements are syncretistic cultic practices, (examples are Puerto Rican Spiritism and Cuban Santería.)

The history of the Catholic Church in the Northeast has given it certain form. The practices and outlooks of most of its members and its organizational stances frequently stand in conflict with those of Northeast Hispanics.

B. The Church of the Northeast and its Pastoral Concern for Hispanics

The Church is persons. Those who exercise its pastoral concern are persons: clergy, religious and lay.

Bishops are first among the clergy. Ordinaries have the major responsibility for any effort at pastoral concern for Hispanics. In addition, they and all the area's bishops show in various ways the acceptance of Hispanics in the Church's highest ranks.

Priests represent the entire diocesan Church in any given locality. Former non-English speaking immigrations into the Northeast usually brought their own priests with them or arrangements were made to obtain them. National parishes developed and served their pastoral purpose. This is not the general pattern for Spanish-speaking Catholics in the region.

There are very few Hispanic priests, some 50 United States or Puerto Rican born, 90 from Latin America and about 150 from Spain. About 400 English-speaking American priests have gained some mastery of Spanish and Hispanic culture. Nevertheless, the majority of Northeast American priests are at a loss. Recent years have seen the numbers of extern or adjunct clergy decline as well as the numbers of American priests with training for work among Hispanics. Extern or adjunct clergy have difficulties here, some of which can be remedied by changes in administrative procedures, some others by proper training. The difficulties for English-speaking American working among Hispanics are partly attributed to burn out and the hardship of poverty areas.

The new reality of permanent deacons merits special consideration in relation to the Hispanic community. About 220 have been ordained in Northeast dioceses and another 130 are in some stage of candidacy.

In this the question of almost two decades remains: what is a deacon in practice? Specifically, what is the Hispanic deacon in Northeast parishes? Are they assistant-priests or "Father's helpers"?

Religious communities have exercised an extraordinary pastoral role toward the Hispanic community. Priests in these communities from other countries require training in a way similar to clergy who are extern or adjuncts in a diocese.

Religious Brothers and Sisters perform many pastoral tasks. Large numbers have studied Spanish and Hispanic culture. Some 450 Sisters from Mexico, Spain and South America work in the region and about 20 Hispanic Brothers. Though a small minority of area religious, they contribute greatly.

Lay leadership is crucially important for the region's Hispanic population. Without it there would be no way the Church could compensate for the lack of fit clerical and religious personnel. Lay people are active at all local levels of Church operation among Hispanics. They are in severe need, however, of sophistication and of training in doctrine and the apostolate. Lay people are also naturally the mainstay of the popular Catholicism which exists among those involved in the Church institutionally and those who are not.

Lay Church employees also share in the Church's Hispanic mission. Whether rectory housekeepers or professional in agencies, their attitudes and training affect the apostolate. It is apparent that Hispanics are not counted among their number in proportion to their presence in the population, except for menial positions.

Church institutions, agencies and organizations are manifold. Pastorally, foremost are parishes. The effectiveness of personnel largely determines the quality of a parish. Northeast dioceses have problems enough staffing heavily Hispanic parishes with apt personnel. Parishes only partially or lightly Hispanic, even in places where the question has had considerable attention over the years, fare poorly. Good work has been done but acknowledgment of it does not fill the gap between it and the demand.

Parish life for Hispanics requires singular efforts at worship, the works of mercy and evangelization and at developing the signs of comunity life. Hispanic worship styles are not those of most Northeast parishes. Adaptation —on both parts— is necessary. The poverty of most Hispanics calls for social involvement. Their frequent ignorance of formal doctrine and other matters shows that the cultural religion necessitates broad evangelization. In addition to the kind of associations that are customary among Northeast parishoners, successful Hispanic

6

parishes in the region emphasize certain movements that have proven highly productive in the Hispanic community.

A commentary on central diocesan structures begins with agencies formed especially for the Hispanic apostolate. Most Northeast dioceses have some such office or at least persons designated to coordinate the apostolate. Bishops have seen to it that funds and personnel are dedicated to Hispanic service, particularly the bishops of the New York metropolitan area where the number of Hispanics is greatest.

The bishops of dioceses in the Northeast have used the structures of their office to show collegial concern for Hispanics. Regionally, they have established the Northeast Pastoral Center. Nationally, they have involved themselves in causes that are primarily of Hispanic concern such as the farmworkers' struggle, the plight of undocumented immigrants and the refugee problem. The Campaign for Human Development and various advocacy roles taken relative to welfare, housing and other needs of the poor have been other positive efforts.

Catholic Charities, Parochial schools' offices, tribunals and other diocesan agencies are beyond the scope of this report. Where they have bilingual personnel and are attuned to Hispanic needs they can be important. Seminaries are of critical importance for the future, in the forming of non-Hispanic students who will serve Hispanics and in the forming of Hispanics students.

Movements that are supra-parochial either in nature or inspiration greatly affect Hispanics. The Cursillo movement in particular has had much influence, so much that some would say it has been the backbone of the Hispanic apostolate in this country. There are calls, however, for review of its context and aims.

C. Pluralism

The Church in the Notheast has a challenge presented to it by the huge Hispanic migration to it. In its form the Church in the region is not polyethnic, multinational or pluralist in religious practice, even if it is factually so. Hispanic newcomers do not have a right to expect things to be the same in this area as in their homelands, but they do have a right to be themselves here with respect for and from others. Hispanic Catholicism must take its integrated place within every facet of Church structure and life. There is a sense in the Hispanic community of exclusion by the English-speaking Church at levels of decision-making. The result is that the Church in the region appears to serve and minister to Hispanics as missionaries to outsiders rather than serve and minister its own as a real part of the whole. Hispanics

7

major component, the Church in the Northeast has to be avowedly
are already members of the Catholic Church. With them as its new
Hispanic as much as it is anything else.

D. The Future

The Hispanic population will increase. The many social, economic,
cultural, administrative and pastoral difficulties this fact presents the
Church with, will likewise increase. Some area dioceses have faced them
as best they can, some have not. No matter, priorities are needed and
implementation of appropriate plans with evangelical determination.

No one knows what Americanization will mean within the Hispanic
community. Yet, it is certain that Hispanic identity will not disappear.
The Church must be part of a dialogue within the process of Hispanic
integration for the sake of all involved.

Protestant and other religious sects are having amazing success in
attracting Catholic Hispanic adherents. Some ten percent of Hispanics
have gone to them in the region since arriving here. Their strength
is due largely to their capacity for making Hispanics feel themselves at home and for giving them roles of leadership. This must be
the case in Catholic parishes as well.

With the great dearth of vocations to orders and religious life in
the Hispanic community, there is no choice but to rely on and evolve
lay ministry. This cadre of people requires knowledge, direction,
responsibility and a voice. Only the heroic stay where their rightful
place is not acknowledged.

The tradition of the Catholic Church and its teaching still is that
the Church is to opt for the poor. Hispanics in the Northeast are the
Church's own poor.

PART III

The Northeast Pastoral Center for Hispanics

A. History

The Northeast Pastoral Center for Hispanics had its origins in the
Primer Encuentro Nacional Hispano de Pastoral (First National
Meeting on Hispanic Pastoral Ministry) held in Washington, D.C. in
June, 1972. That gathering recommended regional meetings and
regional pastoral centers. A regional meeting for the Northeast took

place in November, 1974, in Holyoke, Massachusetts. Out of it came a committee comprised of representatives from throughout the area: bishops, priests, religious, and laity. It drew up plans for a pastoral office and established its goals.

The Center opened in February, 1976, in New York City. The regional committee established by the Holyoke meeting became its board of directors. Staff positions were gradually filled and the Center became fully operational. At present, full time staff members include an executive director, an office administrator, four professional persons and two secretaries. Others have worked for the Center in the past five years on a temporary or limited basis for specific programs. Still others have worked in auxiliary capacities, as consultants and as volunteers.

Financial support for the Center is prorated among the region's dioceses in proportion to their Hispanic populations. Almost all the region's dioceses have contributed regularly even in the cases where the amounts are quite large.

B. The Center's Functions

The Center came into existence because Hispanic Catholics asked for it. Nevertheless, the bishops would not have created it unless they had perceived needs the Center could fulfill that could not be met otherwise. The Center is not autonomous in its activity. It augments and facilitates the existing pastoral efforts of the dioceses which sponsors it.

For convenience in summarizing the Center's functions these five years, its efforts are placed under these headings: services to individuals; interdiocesan services; services on a nationwide level.

Services to individuals have included annual retreats for Hispanic priests and religious in the Spanish language. Many of these persons would otherwise suffer from the lack of meaningful ways to obtain spiritual guidance and counselling in their own language.

Likewise in recognition of the language difficulty, the Center offers frequent seminars and courses in Spanish on various topics for Hispanics engaged in ministry in the Northeast. These programs are available to lay people as well. They are tailored to the local needs of areas which request them.

The Center's first institute for interested people of the entire region took place in the summer of 1976. Since then, many other institutes and programs have provided training for Hispanics and non-Hispanic clergy, religious and lay-people. The list of topics treated is impressive. An annual summer institute conducted by the Center in cooperation

9

with the Brooklyn Diocesan Language Institute has offered cultural training.

The Conference of Diocesan Directors of the Spanish Apostolate was initiated with the help of the Center. This significant body meets regularly in cooperation with the Center. It aims to forge ties of mutual comunication among the various Hispanic ministries throughout the Northeast. Its annual meeting is arranged with Center assistance in such a way that its site is in one of the places from which the Hispanic people of the Northeast come. The directors meet with local bishops and other Church people as well as among themselves. In this way a dialogue is established which helps engender a truer pastoral presence for the region's dioceses.

Similarly, the Center has facilitated an interdiocesan organization of Hispanic religious education coordinators. With it, the Center facilitated an intensive training program for lay catechists. Through funding from the American Board of Catholic Missions, the Center has been engaging in a project for evangelization among area Hispanics on a relatively large scale. This project was initiated in aswer to a request from the religious education coordinators.

Another regional organization brought about by the Center is the Association of Hispanic Deacons. Activities have occurred which strengthen their identity as deacons and their value as ministers within the Church in the Northeast.

The Center has sponsored meetings of Hispanic seminarians. One of its full-time professional persons devotes himself in a special way to the work of trying to develop Hispanic vocations.

A major event was the gathering of 56 bishops in New York, in October, 1977, to reflect on the Hispanic community and the Church in the region. This Center-sponsored event involved bishops and representatives of Latin American countries as well and many persons with expertise in the Spanish apostolate. The experience was a fruitful one for the participants and the Church in the region. Another major meeting with a similar format was held in 1978 for major religious superiors.

Youth are a major preocupation for Center efforts. In cooperation with the Jornada movemnet, an initial project was youth participation in the 1976 Eucharistic Congress. This was highly successful. Since then, the Center has developed an Hispanic Regional Youth Committee. It currently meets regularly and is planning various institutes for youth formation in the region.

The lack of pertinent published material for the use of those engaged in pastoral work with Hispanics in the Northeast is a disturbing reality. The Center has tried to meet this need through the provision of 16 publications thus far. At present, through a grant from the Pallottine Center for Apostolic Causes, Inc., it is preparing a Sunday and feast-day lectionary with a translation in Spanish that will be understandable to the area congregations.

Nationally, after five years, the Center stands as a focal point for the *hispanidad,* the "Hispanicity" of the Church in the Northeast. Its director and staff are constantly asked to participate as representatives in meetings and discussions. This role is particularly apparent with the National Office for Hispanics of the United States Catholic Conference.

The Center has also been able to exercise a visible role of advocacy in many issues before government affecting Hispanics and the Catholic Church. The significance of the Center is a fact in providing a voice and presence for Hispanics of the Catholic Church in the Northeast.

The report details many other activities of the Center and its staff which cannot be put into resume form here.

C. Conclusions and the Future

The report underscores three roles the Center has exercised: training and provision of materials, coordination and representation. Of these, the report judges that training and provision of materials is the most important, along with the research and planning to do them well.

In closing, the report offers some ideas and emphases which its writers think should see specific implementation in the near future. These are given only as possibilities, however, and as an encouragement to consideration by those who read the report of what the Center might do.

11

Hispanics in the Northeast

This first part of the report has three sections. The first summarizes some of the challenging demographic data relative to Hispanics: population statistics, age, economics, education. The next discusses elements of Hispanic culture and cultural values, as distinct from those dominant in the Northeast. Included with the discussion are comments on the problems of Hispanics with the criminal justice system and Hispanic involvement in politics. Finally, this first section raises the question of identity and identity supports.

A. Demographic Data

In 1960, census reports indicated 3.1 million persons of Hispanic origin in the United States. In 1970, the census indicated there were 9.1 million. A 1978 estimate by the Bureau of the Census calculated more than 12 million — an increase of over 32.5%. Preliminary 1980 census data reports 14.6 million, an increase of more than 60% since the last census.[1] These figures do not adequately reflect undocumented immigrants, variously estimated to number between 3 and 12 million,[2] and the continuing influx of political and economic refugees from Latin America. A total of 18 million for the United States Hispanic population is a minimal figure with a possibility of it numbering as high as 26 million. With a low median age, a high birthrate and increased immigration, the Hispanic population of the United States continues to grow at a rate dramatically higher than the population in general.

Sixty percent of the nation's Hispanic population is Mexican in origin. The next largest ethnic groups are Puerto Ricans and Cubans. Mexican-Americans and Mexican immigrants live mostly in the West and Southwest. The majority of Puerto Ricans in the United States live in the Northeast; the majority of Cubans, in Florida and the New York-New Jersey areas. Yet, Hispanics from any group can be found in virtually all parts of the Country.[3]

Roughly, twenty percent of United States Hispanics are found in the Northeast, more than 11.5% in New York State alone, according to preliminary 1980 census reports. Including undocumented immigrants, the Northeast probably has more than four million Hispanic people, with the number constantly increasing. In the 1970's, Hispanics made

13

up more than 8% of the population of New York State and more than 5% of that of the State of New Jersey. Although Puerto Ricans account for 40% of the Northeast total, large identifiable concentrations of people from almost every other Hispanic country and ethnic group are found throughout the region.[4]

The characteristics of the United States Hispanic population vary according to ethnic group. Age, economics, and other factors (including religious practice) distinguish the many Hispanic communities. Although each ethnic group, therefore, should ideally be spoken of separately, this is impractical here.[5] Some generalizations, however, are valid.

A private study by the United Way of America summarized data on age characteristics of the Hispanic population in the United States in the Spring of 1978 as follows:

"The Hispanic population, except for those of Cuban heritage, is substantially younger than the non-Hispanic U.S. population. Children of Hispanic heritage under 5 years of age constitute 12.4 percent of all Hispanics, while only 7.0 percent of the rest of the population is under 5 years. Also, only four out of every 100 Hispanics are 65 years of age or over, compared to eleven out of 100 of the rest of the U.S. population. The median age for Cubans is 37 years; for Puerto Ricans, 20 years; for Mexicans, 21 years. Thirty years is the median age for the non-Hispanic population."[6]

If these statistics bear out for the Northeast's estimated four million Hispanics (of whom only about 220,000 were taken to be Cubans before the recent influx of exiles), then almost two million out of the four are under 21. One-and-a-half million out of the four are between 6 and 21 years of age.

Hispanics throughout the United States and in the Northeast earn less than the general population. Puerto Ricans, who outnumber other Spanish-speaking people in the Northeast, rank the lowest.[7] There are reasons for this: lack of employment opportunities in recent years in Northeast urban areas, the lower median age of the population, and poor past educational achievement levels combined with lack of educational opportunity. Poverty, however, remains no less real after explanation.

K. Wagenheim in a Fall, 1979 article appearing in *Metas* provides the following comments relative to the economic situation of Puerto Ricans. His points are worth noting in reflecting on Hispanics in the Northeast.

"A specific focus upon the 1.8 million Puerto Ricans (enumerated

14

in the June, 1979, report of the Bureau of the Census) offers vivid examples of the inter-group differences (among Hispanics).

In the area of family income, we find that the typical Puerto Rican family earned only $7,972, compared with $11,742 for Mexican families, and $14,182 for Cuban families.

We also find that, while 15.1 percent of Cuban families and 18.9 percent of Mexican families, had income below the Federal poverty line, 38.9 percent of Puerto Ricans families lived in poverty.

And, if we refer to data gathered in previous years, we find that there has been a *critical deterioration* of the socio-economic condition of Puerto Ricans, in comparison with the general U.S. population and with other Hispanic groups.

For example, between 1971 and 1977 (the year covered in the 1978 CPS for purposes of income), we see that the total U.S. family income increased by roughly 55 percent. However, median income for Puerto Rican families during that period grew by only 29 percent, meaning that Puerto Ricans are, in relative terms, much worse off than they were at the beginning of this decade.

We reach the same conclusion when we review the poverty status of families. Between 1971 and 1977 the percentage of U.S. families living in poverty remained relatively stable, at around 9 percent. However, among Puerto Rican families it grew from 27 percent to 39 percent."[8]

In 1978, 97% of non-Hispanics over 25 years of age in the United States had at least five years of school. This was the case for only 83% of Hispanics (for 85% of Puerto Ricans). 67% of non-Hispanics had completed high school but only 41% of Hispanics (36% of Puerto Ricans.)[9]

Of interest to the Northeast situation is the fact that there is marked educational improvement within the Puerto Rican community reflected in recent data. In 1971, only 23% of Puerto Ricans had completed high school. Similarly, other data shows the number of Puerto Rican college graduates had almost doubled in the same period, from 2.2% to 4.2%.[10]

B. Hispanic Culture and Cultural Values

Hispanic peoples differ in many ways from those who comprise the majority in the Northeast. The differences are frequent sources of mutual misunderstanding. Secondary factors, such as physical appearance, modes of dress and taste in decoration, are not at issue, even if they are occasional sources of conflict. There are deeper things that lie within the values and mores — positive and negative— which belong to Hispanic peoples as contrasted with others. The brief description of aspects of these values and mores here is followed by a discussion of two problematic items related somewhat to culture and cultural values: Hispanic involvement in crime and criminal justice systems and Hispanics and politics. These are discussed at some length not only for their own sake but as a sample of the complexity of the many things that one must consider in reflecting on a distinct sector of the population.

Most obviously, language distinguishes many Hispanics from the Northeast's majority. In places like New York City where there are large numbers of Hispanics, it almost seems that in the space of a generation the area has become publicly bilingual. In the spring of 1976, according to the National Center for Education Statistics, about 80% of all Hispanic persons were identified as living in households where Spanish was spoken. Approximately one-third lived in households where Spanish was the usual language. 95% of Hispanics living here who were born outside of the United States were in Spanish-speaking households.[11]

A phenomenon exists in the Hispanic communities relative to language which is less apparent among other large communities that are of non-English speaking origin. Hispanics tend to preserve and use the language of their heritage rather than move completely to English, even in second and third generations. Reasons for this are to be found in the history of the means of communication and transportation, in economic factors, in the dynamics of group preservation, and in cultural pride and identity.

Every explanation of the phenomenon, however, is complex. Some reasons for it could not have applied to the area's prior large non-English speaking immigrant groups. The popular mass media like television and radio, along with recorded music, are fully available in Spanish. Telephones and the rapid ease of travel now make places like New York and San Juan neighboring towns. No Hispanic from anywhere need any longer have the sense that a journey to the Northeast is definitive. Return to "home" can occur in a matter of hours.

Whatever one says, the pehnomenon of persistent use of the Spanish language by Hispanics remains. It confronts the general United States and the Northeast majority expectation of "speak English" and "English only." It sets Hispanics apart from, and offers challenges to, established social institutions, educational systems and the Church.

Most Hispanics in the Northeast arrive with cultural values that still idealize an extended family and the maintenance of genuine links with its many members. For these Hispanics "family" includes not only relatives by blood and marriage, but also "relatives" by association, such as godparents, "relatives" by friendship and out of respect, such as other hometown folk or elderly neighbors. In this butlook, each "relative" singly and all relatives together are traditionally the active concern of every family member. By contrast, the dominant United States culture expects the significant practical relationships that result from that kind of concern to exist only among members of a functioning nuclear family. The underlying values for Hispanics in this tradition are that life and responsibility should center on commitment to family and friends, that is to say, on persons. Achievement, power and possessions are often perceived as entirely secondary.

These approaches to family, persons and life are traditional in Hispanic cultures. They are stronger, however, among some groups than others. Also, they break down through separation of family members by time and distance and under the influence of American culture. Where patterns of single-parent families have evolved, as with many Puerto Ricans in the Northeast, one obviously no longer sees a traditional family structure. Nevertheless, the ideal and its values remain rooted and influence behavior.

In the larger American society, where even the generally accepted nuclear family model is in crisis, if not in disintegration, there is little support and sparse understanding for Hispanic individuals who seek to continue to act out the consequences of their heritage in this regard. The conflicts range from the very struggle to maintain family relationships in the face of contrary pressures to the difficulties of the misunderstood Hispanic employee who jeopardizes his job by missing work without notice because a distant relative suddenly asks help with some problem or unexpectedly arrives at an airport and needs to be welcomed.[12]

Most United States Americans are culturally oriented to valuing today for tomorrow. One works now in order to have something later. One even rests or recreates one day in order to be ready for another. In common with most rural and less urbanized societies, Hispanic culture traditionally values present experiences more. In particular, one values here-and-now positive relationships and joys. A person relaxes with the good that is, rather than rush to accomplish somtehing because of future good. One does not become disturbed by future eventualities. In the same way, actual suffering and negative experience is only the here and now.

17

Hispanic traditions encourage a generalized view of the world. Reality is judged in terms of what surrounds given people or events. It is a relational vision. The opposite and dominant American view is particularized. Reality is perceived through interpreting objects and happening in terms of themselves. An example may help. Hispanic culture tends to value or devalue a person by virtue of his effect on others and his interrelationship with them as persons. American culture tends to value or devalue a person according to his self-demonstrated worth apart from others and alone. For the Hispanic in this tradition, "Priest X" is a good priest if he is community-related, friendly, accepting, positively affecting the lives of others and is warmly involved with them. "Priest X" for the non-Hispanic may be "good" because he performs such and such a skill well, has certain academic degrees, is adept at kinds of problem solving or has a set of specific accomplishments. For most of the Catholic majority in the Northeast, the title "Father" is one which belongs to a priest simply because of his office. For most Hispanics *Padre* is not intended merely as an honorific title. Its use ordinarily presumes at least the possibility of familial interpersonal relationship.

There are many other differences between the dominant Northeast cultural and value systems, some of which are negative in light of Christian moral standards. For instance, an attachment to a patriarchal system exists rather widely in opposition to the proclaimed egalitarian structure of the American family and society. (This does not mean a woman is powerless in a traditional Hispanic family situation. Rather, to her children at least, she stands in a role of revered worth. In the increasing sector of Hispanic society in the Northeast where there is no male parent in the household, her role is naturally even more important.) *Machismo* in various forms still enters into the behavioral and psychological outlook of Hispanics from infancy onward. Among the poor particularly, physical combativeness is for many a valued means for resolution of conflicts with others. With it, however, there is seen side by side a capacity to overlook and forgive many offenses that is not easily detected among non-Hispanics.[13]

In all this, one must again emphasize that one Hispanic group differs from another. Not only are there differences because of diverse cultures in the nations and places from which Hispanics come to the Northeast, but there are general and individual differences by virtue of socio-economic class and education within these larger ethnic groups. The descriptions given here are for the most part broad statements about Hispanic cultural realities.

18

The tendency rooted in Hispanic culture to give supreme value to the dignity and interrelational well-being of person and family is of itself obviously highly positive from a Christian perspective. Although one finds this tendency, and the other positive propensities that accompany it, operative in virtually any Hispanic or group of Hispanics, it is found so in varying degrees and mixed with elements that Christianity takes to be negative. While the tendency of the dominant Northeast culture may overvalue productivity and worldly progress, the tendency in Hispanic culture frequently undervalues it in practice. Materialism and consumerism are, nevertheless, increasingly the propensity of Hispanics as well as non-Hispanics.

A disintegration of moral standards is presently observed in society as a whole. Yet, some major facets of moral disorder are statistically very high among Hispanics in particular. This is the case with abortion, birth out of wedlock and crime — especially violent crime and drug-related crime.

Data on out-of-wedlock births and abortions among Puerto Ricans is alarming. From 1956 to 1976, out-of-wedlock births among Puerto Ricans in the United States rose from 11% of the total to 46%, second only to the 50% rate among blacks. In 1971, Puerto Ricans in New York City had 7,500 abortions and 21,000 live births. By 1977, the totals rose to 12,800 abortions and 12,500 live births.[14] Pressures of various kinds — economic, social and those generated by governmentally funded programs — explain the dramatic increase partly. Whatever the complete explanation, however, the change in practice is evident and dramatic. So, presumably, is the change in the evaluation of abortion on the part of those involved.

The presence of Hispanics in the criminal justice system of the Northeast has become more and more notable. A 1979 study reports the following:

"In the correctional system of New York State, evidence suggests that, however small, the Puerto Rican presence is increasing and more rapidly than for other ethnic groups. The increasing percentage of Puerto Ricans within this system is attributable not only to their disproportionately high presence in new commitments but also to their disproportionately low presence among those being discharged. According to the most reliable demographic estimates, the percentage of Hispanics in the correctional system is double the percentage of Hispanics in the total population of New York City. On a federal probation and parole caseload Hispanics likewise account for more than 20 percent of offenders admitted to supervision in the 1972-77 five-year period."[15]

In other words, it can be assumed that Hispanics throughout the Northeast constitute a disproportionately larger number of those arrested and convicted of crimes and — an entirely different problem — are disproportionately large in number among those incarcerated and maintained in incarceration.

Although data indicates that robbery and burglary offenses account for over 40% of the Puerto Rican males admitted to correctional facilities,[16] the truly significant statistics are those for murder or homicide and for drug offenses. The following table shows the problems of violence and drugs among Puerto Ricans as compared with others.[17]

% of Males Admitted to New York State Correctional
Facilities by Ethnicity and Offense

	White 1975	White 1976	Black 1975	Black 1976	Puerto Rican 1975	Puerto Rican 1976
Murder or homicide	9.2	10.0	11.1	13.3	18.0	17.3
Drug offenses	13.9	17.5	10.4	10.4	16.1	25.3

The problem of Hispanics and the criminal justice system is more than crime. Whatever the origins of criminal behavior among Hispanics and its remedies, life in Spanish-speaking communities of the Northeast is exacerbated by other elements of the criminal justice system. A review of some of these difficulties serves not only to reveal this problem's dimensions more clearly but also as an example of how complex any area of life can be made for Hispanics in their new society.[18]

There is evidence of antipathy and misunderstanding between Hispanics and many law-enforcement agents. On the one side there is this new population, largely speaking another language with many different customs and attitudes. On the other, there are outsiders to the Hispanic community who intervene in its life mainly to catch people at wrongdoing.

The law itself is an occasion of difficulty. The legal system of the United States — and the Northeast specifically — represents a common law tradition in which most of the law has gradually evolved from shared experience. The dominant culture, therefore, traditionally accepts law in general as intrinsically reasonable and to be obeyed. All

Hispanics (even Puerto Ricans and Mexican-Americans who have long been under American-style law) come culturally from a tradition where law is imposed from above by a legislator. Historically, the last such major imposition was the Napoleonic Code. In this latter tradition, law is more an extrinsic reality. In daily life it is secondary to a community's or one's own rules of behavior, whether these be in accordance with the law or not.

The courts of the region are a source of discomfort for Hispanics. In addition to possible lack of sympathy with traditions and possible discriminatory treatment, there are problems of economics and language. Most Hispanics are poor. They cannot afford private lawyers and carefully developed defenses in criminal cases. Even were they able, the sheer confusion for many who find themselves in the midst of procedures conducted in a language that is not their own, or only rudimentally so, most often with legal assistance incapable of adequate communication with Hispanic clients, the experience is demoralizing and dehumanizing.

Economic factors prevent many Hispanics from taking advantage of bail while awaiting trial. For most of the poor other than token bail is not an option. (This partly accounts for the fact that the proportion of Hispanics in Northeast detention facilities is higher than their proportion in the general population.) Effectively, then, there is one procedure for the wealthy and another for the poor, among whom are most Hispanics.

In detention facilities and prisons, Hispanics experience the alienation that is theirs by virtue of their difference from the rest of the inmate population and from the majority of those who comprise the correctional staffs. Overtly and covertly they are the objects of discrimination.

The last item to be touched on in this discussion of Hispanic culture and values is Hispanics and politics. The vast majority of Hispanics in the Northeast are less involved politically than the rest of the population. Whether because they lack sophistication or simply because they sense themselves to be outside the process, Hispanics who are eligible to vote do not do so to the extent that non-Hispanics do. There are a number of elected Hispanic public officials, but these are relatively few compared to the size of the Hispanic population. Furthermore, they are often ethnically and socially different from the majority of their Hispanic constituency. In particular, Catholics are fewer in their ranks than might be expected. There has not yet appeared or evolved a large enough and sufficiently representative

21

Hispanic public leadership cadre. Puerto Ricans and Mexican-Americans, who are United States citizens by birth, share with Hispanic naturalized citizens in de facto disenfranchisement from the public process. Those Hispanics who live here legitimately but who are not citizens, along with the many undocumented immigrants, are disenfranchised by law. The weak Hispanic political voice must and does mean scant positive political attention.[19]

At the same time that Northeast Hispanics exhibit relatively little interest in American politics, many are acutely aware of the political realities of their places of origins. This is especially so for Cubans, Dominicans and many from Latin American countries. The numerically tiny but active radical movements among Puerto Ricans have more than demonstrated the presence of their adherents in the United States through bombings and other terrorist acts.

C. Hispanic Identity and Identity Supports

The facts of demographic data and a people's culture give the observer an idea of who Northeast Hispanics are. Many of the needs of this population are automatically laid bare: housing, employment, education, remedial social programs and the rest of what is required for coping with existence in the region.[20] The second part of this paper treats of religion, its needs and the response of the Church in the Northeast to the Hispanic community. One other area of need, however, is often passed over, that of identity. Since response to this need is something in which the Church by its nature can and does have a preeminent role, the question of identity for Hispanics and what it entails deserves attention.[21]

The so called "melting-pot" theory of Americanization has been discredited and abandoned as not only unreal and impossible but inhuman and undesirable, most recently and most forcefully by the United States Bishops' Committee for Social Development and World Peace in its statements of January 4, 1981. Reduction of individual heritages to some least common denominator, which seeks to call itself an all-embracing amalgalm, has been exposed as wrongful. The covert call for all to become some brand of white Anglo-Saxon Protestant in values, mores and appearances is now seen to be a form of domination, if not manipulation, damaging to the society as a whole.

The "new ethnicity" of recent years has at least partly recognized that diverse heritages perdure rather than disappear despite contrary pressures, and that difference enriches rather than impoverishes individuals,

22

groups and the total society. Uniformity can no longer properly be the American goal. Newcomers must not suffer the burden of conformity as did prior generations. Italians, Poles, Irish, blacks, Appalachian whites were not truly part of the society, were not "Americans" or socially accepted, until they spoke, looked and acted as closely as possible to the normative image determined by a particular group in power in the society. These "others" were told to abandon the language, customs and understandings of their own peoples.

We know today that Hispanics need other Hispanics and the Hispanic culture for their positive development as a people, just as any persons of a definable culture ordinarily need persons of the same culture for support. To say this is not to imply a need for, nor the desirability of, a ghetto mentality or an endoethnic view of reality, but rather to state that strength ordinarily derives from strength. If poor Hispanics in the Northeast are to grow out of their poverty rapidly and other kinds of disenfranchisement from the mainstream, two things are required. First, as individuals and as a group, they must hold their Hispanic identity with proud confidence. Second, the broader community must come to see the Hispanic community, its various ethnic groups and the positive elements of its culture, as further contributions to the United States pluralistic society. It should not any longer be necessary for individuals to separate themselves in a thousand ways from their native communities and heritages in order to obtain America's economic and social benefits.[22]

The above is not stated naively. For one thing, the problems of destroyed and/or externally rejected identity bring about a good portion of the difficulties experienced within the two largest Hispanic groups in the United States — Puerto Ricans and Mexican-Americans.

In 1898, Spain ceded Puerto Rico to the United States. By no decision of its own, an entire people was made subject not simply to an alien power but to a completely alien culture. According to many thinkers, the more than eighty years of United States domination in Puerto Rico have been years of economic and cultural imperialism. The transfer to the island of American educational, legal and other systems, the granting of American citizenship by birth to islanders in 1917, the exercise of benign care in the form of welfare benefits, all help to confirm the judgment of those who say the island has received precisely the same treatment as have the overt colonies of other nations by their owners. The result, these thinkers say, is that Puerto Ricans, as a group are a people who are not in real control of their own destiny. They turn to the "mainland" as the final arbiter of power. The island's people are recipients of what they possess. Even with reference to their mother tongue, the influence of English in media, government, business and education has meant qualitative impoverishment of the Spanish language among them. The continuous coming and going to the mainland of thousands of Puerto Ricans these recent decades has further diluted the integrity of the island, to say nothing of the effects of its having become a playground for vacationing English-speaking Americans. In the matter of religion, American Protestants have done their best to make Puerto Rico American Protestant, even if with minimal success. American Catholic clergy and religious have generously answered the need of ministry in the Catholic Church of Puerto Rico from the beginnings of American ownership of the island. Yet, a side effect of this was an Hispanic church heavily in the hands of non-Hispanics. Even the bishops were non-Hispanic Americans. Many find that the net effort is a people who lack firm and secure self-identity, a people who find it difficult to overcome the sense that they are second-class and non-achievers in society.

(It must be acknowledged that aspects of the above and its implications are debatable. The present disagreement among Puerto Rican political parties, among Puerto Rican intellectuals and activists, and among other analysts of Puerto Rican reality, amply testifies to the lack of certainty in some details. Yet, it is a position to be dealt with. Puerto Ricans are proud to be such, love their homeland, have a real if painful history. The question is, has that history facilitated a people secure an independent to be in self-possession to the degree that others are? Specifically, in the context of this paper's discussion, are Puerto Ricans secure and independents and in self-possession to the degree that are other ethnic groups in the Northeast, even other Hispanics? Except for American blacks, the surface answer would seen to be in the negative.)

In 1848, the lands of the Mexican nation were split in two. Mexico's northern half became United States territory. The American Southwest had been Mexico and its people Mexicans. These people were now foreigners in their own homelands, even if legally citizens of the new sovereignty. The reality of social and economic oppression exercised against native Mexican-Americans has been too well exposed to need repetition here.[23] This oppression was cultural and religious as well. The population that came into power in the former Mexican lands did what it could to make it known that what was culturally Mexican was inferior. That Mexican-American Catholicism survives is miraculous given the lack of understanding and constant ill-treatment accorded it over the years. Mexican-Americans too suffer weakness in many facets of self-identity, even if they have firm geographical roots in what is now the United States.

Although immigrants from other Hispanic national groups arrive here for the most part knowing who they are — that is, knowing their origin, culture and goals, their self-identity is nevertheless still endangered. First, the cultural strengths of these peoples are naturally mixed with cultural weaknesses, as are the cultural strengths of all other groups. Second, as immigrants they suffer the normal debilities and pressures of all who live in an alien land. The strengths and weaknesses of indivdual members of the immigrant groups derive from their particular background, personality, education, talent, and so on. Some, as many among the first major wave of Cuban refugees two decades ago, are more advantaged at the very start. Others, such as many Dominicans, are gifted with a cultural drive to establish themselves. Still others, like the laborers from present-day Mexico and many undocumented immigrants, are forced to live as exploited nineteenth century colonials in twentieth century America. For their proper advancement in their new homeland, the individuals of all these ethnic groups need to maintain the strengths of their heritages and to receive the acceptance of the broader community.

To speak minimally, secure possesion of their ethnic identity and respect for it by the broader community can at least help these Hispanic peoples. Maximally, unless possession of identity and respect for it are verified, people cannot easily enter the mainstream of American life without genuine harm to themselves as persons and ultimately to others.

The problem of identity for Hispanics is made more difficult in the Northeast United States. In Puerto Rico, the Dominican Republic, or whatever the place of origin, Hispanic persons have the corresponding Hispanic ethnic identity, i.e., they are Puerto Ricans, Dominicans, Cubans and so forth. While all Hispanic ethnic groups share the same language and some of their history, traditions and culture with one-another, there is no need or desire for Hispanic people to consider themselves as possessed of a single identity in practice. Yet, in Northeast America, governments and the broader society do consider them so in much of their attitudes and dealings. Puerto Ricans, Dominicans, Cubans and all, are called Hispanics first, and of their particular national heritage second.

An "Hispanic" identity then presents a twofold complication: first, for Hispanics themselves; second, for the rest of the population. Some

25

of the cultural and other differences among the various Hispanic groups are huge. Given the diversity, how are they themselves to develop that unity in identity which will further their common social progress in Northeast America? How are non-Hispanic individuals and institutions, particularly those who wish to facilitate the advancement of Hispanic people, to comprehend them adequately?

No mere summary description of Hispanic characteristics or combined sets of data allow proper insight into the pluralistic Hispanic community. In the Northeast, the task grows day by day. Puerto Ricans may be the largest group of Hispanics in the Northeast, but others are present in vast numbers and in constantly changing proportions. Illustrations of the latter are the latest influx of Cuban exiles, the current annual arrival in the Northeast of 80,000 Dominicans, the increasing presence of escapees from Latin American political and economic turmoil. All this confounds those who might believe they have grasped keys to Hispanic understanding.

It is clear that agencies and instruments for enforcing and forging Hispanic identity and unity are required. Some exist in the Northeast but they are mostly poor or poorly utilized.

The concern of the educational systems with cultural identity is of unequal value. Bilingual and alleged bicultural programs in schools seem to be oriented practically only toward aiding English-language instruction and the process of Americanization. They seek to prevent the non-English speaking pupils from falling behind. These goals are laudable enough in themselves, but have little to do with pride in ethnic identity. Perhaps, if the aims of the programs were to include enrichment in the Spanish language, its literature and cultures, they would accomplish far greater human good.[24]

Spanish-language publications, radio and television are all influential among Hispanics. Unfortunately, the Spanish-language media in the Northeast do not greatly assist in improving the level of Hispanic culture. There are exceptions, even in some television programming. Yet, *El Diario* and the radio and television stations are commercial ventures. They depend on actual cultural levels of their audiences for survival, not desired ones. Given literacy levels and the levels of educational achievement of those elements of the Hispanic population in the Northeast which are most in need of support for identity and unity, the worlds of Spanish and Latin American literature and arts are largely closed.

Other symbols and means of Hispanic identity and unity like New York's Puerto Rican Day Parade and its Desfile del Día de la Raza

26

(Parade for the Day of *Hispanidad,* October 12), and things similar to it elsewhere are valuable even if limited to external trappings. Such events as proclamations nationally of an annual Hispanic Heritage Week must become better known and implemented if they are to be effective. Social clubs and other small voluntary associations proliferate in Hispanic neighborhoods. They are self-initiated identity support groups within Hispanic communities. Unfortunately, they tend to be weak in organization and usually only recreational in thrust.

The rapidity of growth in Hispanic migration to the Northeast and the diverse nature of its component ethnic groups demand structures for identity support and acceptance that the Hispanic communities themselves cannot create quickly enough or sufficiently. Government and others are apparently unwilling to answer these needs or are at a loss, capable of doing so only minimally. The next part of this paper indicates some of religion's and the Church's involvement with Hispanic peoples. At this point, however, the suggestion is made that the Church may be pivotal in this matter of response to the demands of identity. Hispanic cultures are for the most part Catholic cultures. That aspect of ethnic belonging has the same name in San Juan, Havana, Santo Domingo, New York, Washington and Boston.

NOTES TO PART I

[1] For these statistics and details of the data, see the various pertinent publications of the United States Bureau of the Census.

[2] Statements by commissioners of the United States Immigration and Naturalization Service in the 1970's used the high figures. (Cf., various news reports in the *New York Times* for the period.) The numbers are largely discredited. *Time Magazine* (October 16, 1978: p. 48), in an article titled, "It's Your Turn in the Sun," called 7.4 million "a conservative estimate." Douglas Martínez, "Hispanics in 1979: A Statistical Appraisal," *Agenda* 9 (1979) 11, says undocumented aliens are "conservatively estimated at between three and five million persons, most of them Hispanics."

[3] See Tables 1 and 2.

[4] Preliminary 1980 census figures state that New York State has 1.7 of the nation's 14.6 million Hispanics and New Jersey nearly a half-million. In percentages, New York State has 11.6%, New Jersey 3.4% of the Hispanic population of the country. New York City provisionally accounts for 1,405,957 Hispanic persons or 9.6% of the national total. See Table 3 for a geographic distribution of Hispanics in the Northeast according to 1976 estimates of the population. *Time* (art. cit.) estimated that the ethnic breakdown of Hispanics in the Greater New York area included 1.3 million Puerto Ricans, 400,000 Dominicans, 220,000 Cubans, 200,000 Colombians, 170,000 Ecuadorians and 150,000 Peruvians. It reported that "an estimated half of these are illegal residents."

[5] The United States has its indigenous Mexican-American population as well as its citizens from the island of Puerto Rico. In addition there are immigrants from every other Spanish-speaking country in the United States (and in the Northeast). After Spain, itself, these countries include: Mexico, Cuba, the Dominican Republic, Guatemala, Honduras, El Salvador, Nicaragua, Costa Rica, Panama, Venezuela, Colombia, Ecuador, Peru, Bolivia, Chile, Paraguay, Uruguay and Argentina. Each of these nations and communities boasts of its own culture and subcultures within it. The portrait towards which this report moves is that of the Hispanic person in the Western Hemisphere. It must obviously be acknowledged that any statement is inadequate, given the variety of those who constitute that "Hispanic person."

[6] "The Hispanic Population in the U.S. and Implications for United Ways," United Way of America (Alexandria, Virginia; December, 1979) p. 6.

[7] See Tables 4 and 5.

[8] Kal Wagenheim, "The Latest Census Survey of Hispanics in the United States," *Metas* 1 (1979) 77.

[9] *Ibid.*

[10] *Ibid.*

[11] Cf., "Place of Birth and Language Characteristics of Persons of Hispanic Origin in the United States, Spring, 1976," National Center for Education Statistics, 1978.

[12] In addition to the citations in note 13, above, see, Elaine S. LeVine and Amado M. Padilla, *Crossing Cultures in Therapy: Pluralistic Counseling for the Hispanics* (Brooks Cole Publishing Co., Monterey, California), 20-44, for insights on this and much of what follows.

[13] Frank Ponce gives an admirable summary of Hispanic cultural reality in his talk before the National Conference of Catholic Bishops in Chicago, Illinois, at the end of April, 1980. It has been published by the Northeast Pastoral Center. See *Los Católicos Hispanos en los Estados Unidos/Hispanic Catholics in the United States*

(New York: Comité Regional de Pastoral Hispana para el Nordeste, no date) 20-23, 57-60. Antonio Stevens Arroyo and Virgilio Elizondo contrasted North American and Latin American cultural elements in *Liberty and Justice For All: A Discussion Guide* (Washington, D.C.: NCCB Committee for the Bicentennial, 1975) 37-41. Although it speaks in extremes and, perhaps, with implicit negativism toward North American culture, it has value in trying to summarize attitudes. It is copied here as found in Antonio Stevens Arroyo, *Prophets Denied Honor: An Anthology on the Hispanic Church of the United States* (Maryknoll, New York: Orbis, 1980) 9.

North America	*Latin America*
Society based on individual rights. Identification by occupation.	Family the basic unity of society. Identification by family names (both mother and father); place of origin important.
Accumulation of wealth is power over events.	Wisdom, the articulation of truth, insures fame.
The non-productive are burdens to society.	The aged are sages; they deserve the title "don" (sir).
Trading-commerce is the way to success. Horatio Alger succeeds by "pluck", agressiveness.	Production from the land is the ideal occupation. Success depends upon "harmony" with people and nature.
Competition is the source of growth and expansion.	Harmony depends upon generous contributions to the common good, each in his or her own order.
Egalitarian society.	Hierarchical or corporate state.
Separation of church and state: Life is divided between sacred and profane.	A holistic concept of society and obligation to fellow persons.
Work and activity is an end in itself; wealth manifests God's grace; art, self-expression are vain and presumptive.	Work is a necessary quality of human existence, a punishment for sin; leisure, however, is freedom to be spiritual and contemplative.
Emotions are to be suppressed; enjoyment in this life is frivolity and sinful.	Feeling bestows dignity; sensitivity to life dictates celebrations of joy and sorrow.

[14] See Table 6.

[15] Peter Sissons: The Hispanic Experience of Criminal Justice: Monograph Number Three, Hispanic Research Center (New York: Fordham University, 1979) 61.

[16] Cf. *Ibid.*, 30.

[17] *Ibid.*, 30.

[18] All of what is stated next has its counterpart in Sisson's study as well as variously elsewhere. The objection might be raised that a disproportionate amount of space is given to this discussion. Rather, as has been stated earlier in the report, this is a sample of the involved description necessary if one is even slightly to penetrate the influence that culture has on practice. Since laying out the various ramifications of cultural factors in several practical matters is beyond the space limitations of this report, this one has been chosen with some degree of arbitrariness.

[19] A recent publication, "A Study of Hispanic Opinions and Preferences: A Preliminary Report." (New York: Hispanic Opinion And Preference Research, Inc., April, 1981), claims that a majority of Hispanics surveyed (Hispanics with telephones!) are involved in local politics.

[20] The data on these items — housing, employment, etc. — has not been repeated in this report nor commented on. The assumption is that the horror of the local situation is well known and readily demonstrable.

[21] For a rather complete notion of what is intended here by the word "identity," cf. Arroyo, op. cit., above, n. 16, passim. In particular, see the variety of references indicated under the word in the index . This book can serve as well for views on the assertions brought forward here.

[22] *Origins* 10 (1981) 481, 483-489.

[23] Cf. Virgilio Elizondo, "The Catechumen in the Hispanic Community in the United States," *Becoming a Catholic Christian a Symposium on Christian Initiation* by William H. Sadlier Inc., 1978, 51-55, for a description of the difficulties of Mexican-Americans in maintaining and practicing their faith.

[24] The literature on this is abundant. Cf. recently, Ramón Santiago and Rosa Castro Feinberg, "The Status of Education of Hispanics," *Educational Leadership* (1981) 292-297, with bibliography.

TABLE 1

Population of Spanish Origin by Type

(In thousands)

Type of Origin	1970	1978	% in 1978
United States total	11,117	12,046	100.0
Mexican	4,532	7,151	59.4
Puerto Rican	1,429	1,823	15.1
Cuban	545	690	5.6
Central or South American	1,508[N]	863	7.2
Other Hispanic	1,057	1,519	12.6

N. This figure is larger than the 1978 number because of a change in counting procedures.

(Source: U.S. Bureau of Census, *Current Population Reports,* Population Characteristics, 1976, 1978.)

TABLE 2

Hispanic Population as a Percentage of Total Population in U.S. States with Greatest Percentage Hispanic Population

State	Percentage Hispanic, 1978	Comments
New Mexico	36.4%	Predominantly of Mexican descent
Texas	20.8	Predominantly of Mexican descent
California	15.9	Predominantly of Mexican descent
Arizona	15.3	Predominantly of Mexican descent
Colorado	11.0	Predominantly of Mexican descent
New York	8.1	Predominantly of Puerto Rican descent; 99.6% live in metropolitan areas
Florida	7.9	Primarily of Cuban descent; 99.4% live in metropolitan areas.
Nevada	5.8	Predominantly of Mexican descent
New Jersey	5.3	Primarily of Puerto Rican descent; 89.9% live in metropolitan areas.
Illinois	3.7	Mixed descent; 98.1% live in metropolitan areas.

(Source: U.S. Bureau of the Census. *Demographic, Social and Economic Profile of States*: Spring 1976, Tables 1 and 12, P-20 Series, No. 334. 1979).

TABLE 3

Geographic Distribution of Hispanics in Northeast, Exclusive of Undocumented Immigrants

(1976 estimates, thousands)

New York	1,700	Washington, D.C.	13
New Jersey	385	Delaware	8
Pennsylvania	125	Rhode Island	8
Massachusetts	89	West Virginia	6
Connecticut	81	Maine	4
Virginia	56	Vermont	3
Maryland	31	New Hampshire	3

(Source: "Federal Government Estimates," as cited: *Time*, October 16, 1978) 51.

TABLE 4

Median Income of Males and Income Differentials by Race and Ethnicity in the U.S., 1975, 1977

Región	White	Black	1975 B/W	Hispanic	H/W
United States	$ 9,300	5,560	59.8	$6,777	72.9
Northeast	9,755	7,181	73.6	7,023	72.0
North Central	9,672	7,408	76.5	7,803	80.6
South	8,546	4,737	55.4	6,118	71.5
West	9,587	7,110	74.2	6,997	72.9

Región	White	Black	1977 B/W	Hispanic	H/W
United States	$10,603	$6,292	59.3	$7,797	73.5
Northeast	10,809	7,201	66.6	7,679	71.0
North Central	11,046	8,046	83.1	10,219	92.5
South	9,941	5,673	57.0	6,951	69.9
West	10,929	6,764	61.8	8,207	75.0

(Source: U.S. Bureau of the Census, Current Population Reports, Series P-60, No. 107, "Money Income and Poverty Status of Families and Persons in the United States: 1976.")

TABLE 5

Family Income, 1978, by Ethnic Group and Unemployment Rate, Third Quarter, 1979

	U.S.	Blacks	Hispanics	Cubans	Chicanos	Puerto Ricans
Median family income	17,640	10,879		15,326	12,835	8,282
Percentage of families below poverty level	9.3%		21.4%	15.0%	18.9%	38.9%
Percentage of families below $4,000	6.3%		10.4%	8.9%	9.1%	16.1%
Percentage of families above $25,000	22.4%		9.7%	15.9%	8.9%	6.3%
Unemployment rate, 3rd quarter, 1979	5.8%	10.8%	8.2 %	7.6%	7.9%	11.5%

(Source: United States Bureau of the Census and the Department of Labor.)

TABLE 6

Abortions to Residents Performed in New York City Since July 1, 1970
Numbers, Percents and Yearly Percent Changes by Ethnic Groups

	ETHNIC GROUP	July thru Dec. 1970	1971	1972	1973	1974	1975	1976	1977
NUMBERS	White	9644	29508	30104	30526	32132	28432	29352	31276
	Nonwhite	7909	30033	33740	39183	41751	41256	42250	42569
	Puerto Rican	1796	7491	6993	11491	12015	11738	12050	12811
	TOTAL	19349	67032	70837	81200	85898	81426	83652	86676
PERCENTS OF TOTALS	White	49.8	44.0	42.5	37.6	37.4	34.9	35.1	36.1
	Nonwhite	40.9	44.8	47.6	48.2	48.6	50.7	50.5	49.1
	Puerto Rican	9.3	11.2	9.9	14.2	14.0	14.4	14.4	14.8
	TOTAL	100.0	100.0	100.0	100.0	100.0	100.0	100.0	100.0

Live Births in New York City by Ethnic Group, 1971-1977

ETHNIC GROUP	1971	1972	1973	1974	1975	1976	1977	
White	71561	63642	60129	59180	56587	57595	56943	—20%
Nonwhite	39349	36273	35474	36944	38975	39187	41008	
Puerto Rican	21010	17173	15035	14518	13856	13213	12535	—37%
TOTAL	131920	117088	110639	110642	109418	109995	110486	

(Source: The City of New York-Department of Health, 125 Worth St., N.Y.C. 1013.)

34

Religion, the Church, the Hispanic Community

This second part of the paper surveys aspects of religion and the Church in the Northeast as they relate to Hispanics.

Regrettably, accurate compiled data do not exist for much of what appears here. What is described, therefore, is at times deduced more from shared experience than from tangible information.[1] Its validity, in these cases, is open to the test of other experiences.

The survey begins with short sketches of Hispanic Catholic religiosity and some related factors in the dominant forms taken by the Catholic Church of the Northeast United States. Next, it looks at the pastoral practice of the Church in the region as it affects Hispanics. The persons who act in the apostolate are discussed first, and, second, intsitutions through which people are served. Some space is then devoted to an underlying issue for the Church in the Northeast, pluralism in culture and religious practice. Last, an eye is cast to the future.

A. Hispanic Catholicism and the Church in the Northeast

Over 80% of Hispanic persons in the United States have considered or do consider themselves Catholics. The Catholic tradition is their heritage. A 1978 Gallup study established quite clearly that this heritage remains strong among Hispanics in the United States.

Catholicism and religious practice among Hispanics in the Northeast are not culturally the same as Catholicism and religious practice among the ethnic groups that have given shape and structure to the Church in the Northeast and whose outlook dominates its institutions. Precise delineation of every difference would require treating each national Hispanic group separately and would also demand an analysis of the many variations that exist within the Church in the Northeast itself, apart from the Hispanic reality. In a short space one can offer only more general comments in an attempt to state what is true overall.

Most of what is Catholicism in Latin America is not only distinct culturally from United States Catholicism, it is also distinct from European Catholicism, the common parent of both.

The Spaniards came to the New World in the 16th and 17th centuries and conquered it. Unlike the conquerors of most of what is now the United States, they preached the gospel to the native Americans who survived the invasions and intermarried with them. (The Indians, however, did not always become converts without some degree of force.) Succeeding years saw the importation of African slaves, who themselves eventually took on the religion of their new land and intermarried as well.

Until the independence movements of the last century, the bishops and clergy of Hispanic countries came almost universally from Spain. If native, they were relatively pure Spaniards by blood, persons of the upper class. In most countries, independence from Spain meant a severe reduction in clergy, a condition that persists today. Although the clergy are responsible for the sacraments, daily religious life is something that does not depend on their active involvement.

Cultural mores rarely die. They persist tenaciously even in new guises. The result in much of Latin America is a popular Catholicism, a people's religion which, while genuinely Catholic, draws deeply on the Indian and — in the Caribbean especially — the black cultural heritages, as well as the Spanish. It is sacramental, oriented toward priests for those essential functions of worship, but at the same time has a popular life of its own.

Latin Americans are, as people, persons of deep faith with a Catholicism that permeates their mental outlooks, their life cycle, their family and civic affairs, the year's celebrations — in short, every phase of existence. It is a Catholicism that has been, and is for the most part, self-sustaining among the people. It can be seen publicly on great family occasions like baptism and death and in the community celebration of festivals. The "practice" of this Catholic faith can be observed in virtually every home, but, often enough, with devotional actions, accouterments and an understanding that European or American Catholics would be tempted to label syncretist or superstitious.

It is a Catholicism of personal relationship. God is for many "Papá Dios" not simply "Dios Padre". The saints, above all the Holy Virgin, are real to Latin Americans. They share in the daily life of individuals and society. Mary is for virtually every Hispanic person a genuinely present and active mother, a protectress whose embrace is felt physically, even as she is known to be the God-bearer of magnificent greatness and beauty. Frankly, no words can express the importance of her role in Hispanic Catholicism. The images of Mary and the saints are everywhere. These images are treated almost as are persons still living in this world. This is not a Catholicism that is necessarily lived on the basis of regular Mass attendance or involvement with Church institutions.[2]

This summary of Hispanic Catholicism must be supplemented with a negative detail from a perspective of the purity of faith content. The Indian and African heritages of Northeast Hispanics have produced syncretistic sub-religions. In the Northeast United States the most common forms of these sub-religions are two with African roots, Spiritism among Puerto Ricans and Santería among Cubans. Particularly among the uneducated and the poor, these cults wield great power. The extent of the influence possessed by them reveals itself even to casual observers through the numbers of *botánicas* that abound in Hispanic areas. (*Botánicas* are shops that sell herbs and other materials used in cults and are also usually places to meet cultic leaders and experts). Most people who believe in these things very much still consider themselves Catholics. (In folk-religion it is in fact difficult to know where orthodoxy and orthopraxis end and where heterodoxy and heteropraxis begin. Past tendency on the part of Church leadership and the theologically sophisticated has been to condemn almost all manifestations of popular religious practice not explicitly approved by the Church authority. So severe a dismissal of people's faith-practices is questionable.)

On the whole, the Catholic Church in the Northeast is not attuned to Hispanic household faith with its blatant, often earthy devotionalism, occasional syncretist beliefs, display, and yet frequently sporadic sacramental practice. The newcomers, for their part, are generally not oriented to the expectations of the Church they find in the Northeast.

History has given the Catholic Church of the region certain forms. Many cultural and ethnic versions of Catholic practice abound. Italians, Poles, Germans, the French and others, each have a particular presence. Irish immigrants and their Americanized descendants have dominated and excercised authority in most of the Church of the Northeast for more than a century. In caricature, what has evolved is a Church whose *image* is one of clerically led organizations and regimented sacramental life, with the notion of church-going as the test of Catholic belonging. It judges itself by sacramental practice, thinks of parish building as its center and draws its life through a large and indispensable clergy. When compared with Latin American Catholicism, it is staidly institutional.

The faith of the people who have been and are the majority of the Church in the Northeast is not in question. It is surely presumed to be

37

as genuine as faith is among Hispanics. But, its manifestations and emphasis are different.

B. The Church of the Northeast and its Pastoral Concern in Practice por Hispanics

1. *The Persons Involved*

The Church is persons. Its institutions and their activity are determined and performed by persons. This analysis first chooses to examine the pastoral practice of the Church in the Northeast toward Hispanics by looking at those who act for and in the name of the whole Church. These persons are the clergy, its religious and its lay personnel. Some of the many historical and other factors which influence and decide what these people do are indicated along the way.

The bishops are the first among the clergy. Their task is manifold. As the Church's chief policy-makers and administrators, bishops who are ordinaries bear the major responsibility for the apostolate in its entirety. Above all others, they, in their very persons, are signs of what the Church is. The fact that many have by word and visible action demonstrated keen awareness of Hispanic presence in their dioceses is most positive. Several in the Northeast have an ability to communicate in the Spanish language publicly. Bishop Garmendia, auxiliary in New York and Bishop Valero, auxiliary in Brooklyn are both ethnically Hispanic as well. Such points of explicit identification with any ethnic community are valuable. Automatically, they declare empathy within the Church's highest rank for the Hispanic community. Naturally, Hispanic Catholics in the Northeast would appreciate the election of more bishops who share their heritage and look to the designation of ordinaries from among them. The lamentable fewness of priests of Puerto Rican, Cuban, Dominican and other Hispanic backgrounds in the region at present unfortunately makes fulfillment of these desires a dim possibility for the very near future. One anticipates that ordinaries will go on compensating for this sad reality by continuing to increase their other signs of true concern, those mentioned in this paragraph and more.

Priests represent the entire diocesan Church in any given locality. If they are not Hispanic, their attitudes and pastoral practice relative to Hispanics are interpreted as the attitudes and practices of the rest of the Church.

Earlier non-English speaking immigrants generally brought their own clergy with them. Where they did not, in several instances, the diocesan bishops of the region arranged for priests from their countries of origin to come here. With the help of local bishops, these immigrant communities established their own parishes and institutions. They kept their own culture, traditions and language as long as necessary. The native English-speaking ethnic groups regulated major church structures yet still encouraged these other groups to develop as they felt they should. National parishes flourished in the cities of the Northeast, often around the corner from one another. German, Italian, Polish, French, Lithuaninan, even Spanish congregations, and others too, maintained themselves.

As the newcomers were assimilated to the broader culture and language, their national parishes — if they continued to exist as such — increased the use of English to the point where in some of the older parishes, the foreign language is now rarely if ever heard, even if some other factors of ethnic identity may often be retained, like devotional customs or decorative expressions.

In later generations, many who belong to these ethnic heritages no longer expect the parish to supply support for their ethnic identity or to be a place where that identity is expressed. If still involved as Catholics, they have moved to new locations where they accept the public religious practices and tastes of the controlling culture, even if occasional memories evoke the desire for what was theirs. Others, however, still expect their parishes to reflect and reinforce ethnicity.

On the whole, Spanish-speaking immigrants to the Northeast have not had and do not have the same experience. Except for Spain, indigenous priests are rare enough in the Hispanic homelands. Here, they are proportionately fewer. Of the Hispanic priests in the Northeast, about fifty were born in the United States or Puerto Rico. Approximately ninety priests now serve in the area who have come from Latin America. At their side are about 160 priests from Spain who share the language of the local Hispanic population and a portion of their culture. About 400 English-speaking American priests have labored generously in attempting to learn the Spanish language and Hispanic culture and have mastered them to greater or lesser degrees.[3]

Even though there are these priests who are attuned to Hispanic needs, it must be acknowledged that the vast majority of priests in the Northeast are uncomfortable — if not completely at a loss — before the call to respond adequately to Hispanic Catholicism, culture and language, that is, to the Hispanic community and Hispanic persons. Some Hispanic national parishes were founded early in this century in New York, Brooklyn, Philadelphia, and perhaps elsewhere, staffed mostly by religious clergy from Spain. They continue to function in their service of Hispanics. Yet, most Hispanics find themselves in parishes not theirs. What is occurring among Hispanics in their mass entry into the Church of the region is not the same as that which occurred with prior large immigrant groups.

Further complications arise from the diminishing numbers of priests with linguistic and cultural qualifications for work in the Hispanic communities. The past decade has seen a constant decline.

For whatever reasons, many priests from Spain and Latin America have returned to their homelands. Others have left the priesthood. Fewer have come here to take their place. The Church in the Northeast has received and still receives considerable benefit from these men who have arrived here from other countries, whether for a prolonged time or permanently. They obviously perform a great service in supplying for the needs of the ministry. Moreover, their education prior to ordination and often their advanced degrees have been paid for elsewhere. Usually, even the costs of the journey here have not been borne locally. The lessening of their presence is lamentable.

Mention is in order at this point of the challenge that these priests from other places present to the pastoral concern of area bishops. If complaints are to be listened to, there are problems concerning the status, treatment and need for retraining of priests from Hispanic countries. In addition to whatever canonical requirements need to be fulfilled for arranging their stay here, one asks if there should not also be an agreement arranged between a diocese which receives a priest for a lengthy period and the diocese or community which allows him to come. Accompanying the agreement, should there be a specific contract with the priest himself? Regularity of status and security are human needs which those who work in the apostolate have a right to see fulfilled. Differences in benefits (health insurance, vacations, etc.) for adjunct or extern clergy and for diocesan clergy are another sore point for many Hispanic priests from elsewhere. De facto, many priests from other countries are poor in English, unfamiliar with the American culture and with the pastoral practices of the Catholic Church in the area. Moreover, priests from Latin America are more than likely unfamiliar with Caribbean and Mexican-American cultures — the cultures of the majority of Hispanics in the Northeast. Priests from Spain are almost certain to have little such familiarity. For the Church's sake and theirs this is intolerable. The usual presumption seems to be that the priest from elsewhere will remedy these deficiencies on his own. In a Church which insists on elaborate seminary training before ordaining a man, and which absorbs most of the costs institutionally, one asks if training adjunct or extern foreign clergy for adequate ministry should not be the responsibility of the American dioceses in which they work.[4]

The decreasing number of bi-lingual/bi-cultural local American clergy working with Hispanics is likewise a complex issue. It is not simply that there are fewer priests overall in the Northeast than there were several years ago. Other factors influence heavily. For example, an aura of the foreign missions surrounded work among Hispanics in the Northeast in the minds of seminarians and younger priests into the 1960's. This aura frequently appealed to their zeal and attracted them. The present reality simply is that local seminarians and younger priests are not as enthusiastically responding to this area of ministry as many once did. Some even ask, relative to this and the entire question, whether the commitment of the Church in the Northeast to the poor is a priority that is demonstrated loudly enough and sufficiently appreciated among all who comprise it.

A more tangible element in understanding the diminished cadre of those working with Hispanics has been the "burn-out" phenomenon, particularly evident in innercity experience. This "burn-out" phenomenon and its consequent dangers of disillusionment among the clergy is itself manifold. The novelty of an Hispanic pastoral role for the Church's Northeast, along with its general unpreparedness for that role, often resulted in priests in the "Spanish apostolate" being left on their own. The coordination and supervision supplied by established modes of operation in other facets of diocesan ministry did not exist for them. At times, lack of sympathy and understanding on the part of some in authority and some peers occasioned a further isolation among priests working with Hispanic people. In short, support systems were weak. The deleterious consequences can be illustrated throughout the Region's inner-city areas. One may question whether time has improved this situation.

Further difficulty for these clergy (and for bishops) has arisen from the financial demands of inner-city parishes that are now heavily Hispanic. Formerly, many of these parishes were among the most grandiose of a diocese in their plant facilities and activities. With the departure of the population that maintained them and with increased costs, priests desirous and capable of working among Hispanics frequently find that their major preoccupations are buildings and bills. (That such concerns belong to all parishes and the persons responsible is undeniable. Parishes that are still fully established, however, generally have sufficient staffing, volunteers, material resources and continued

41

use for their buildings. All this makes the concern at least more bearable and less contradictory.) In the face of administrative burdens, the physical capacity of an individual to serve an Hispanic community's faith and needs directly tends to diminish. His purpose in choosing to be among the poor seems compromised. The Catholic Church in the poverty areas of the Northeast has witnessed loudly to all the world that it does not and will not institutionally abandon the poor. In keeping plants in operation in the inner-cities, it has exercised a stabilizing influence in poor neighborhoods for those residents who have remained through the years of urban flight and for the newcomers. But, whatever value to the community these buildings still retain, they hang like albatrosses about the necks of more than a few of its personnel.

The "burn-out," however brought about or explained, has undoubtedly contributed to priests working among Hispanics seeking other work of leaving the functioning ministry. It may also have given a message to others not to take on that ministerial role. Many have survived, though. They have worked out ways through the difficulties or judge that their commitment to the people with whom they work requires that they go on despite what they find contradictory. Some have become so identified with Hispanic communities that leaving them would be virtually impossible. Nevertheless, the problems of American priests who work among Hispanics also confronts the Church pastorally.

The new reality of permanent deacons merits special consideration in relation to the Hispanic community. At present approximately 220 men identifiable as Hispanics have been ordained deacons in the dioceses of the Northeast. Approximately 130 more are diaconal candidates.[5] Each diocese has its own requirements for candidates in addition to those of wider Church law and each utilizes deacons as it sees fit.

In restoring an active diaconate to the Church's ministry, the Second Vatican Council said only that its ministry was "the liturgy, the Word and charity,"[6] entailing assistance in the celebration of several sacraments and the work of administration. The American bishops issued a set of guidelines in 1971 which in part attempted to give flesh to the ambiguous skeleton of the conciliar statement.[7] Few would disagree that there is still room for clarification in practice.

Many questions pose themselves. First and foremost is that one which still perdures seventeen years after the Council's 1964 statement: what precisely is a deacon in practice? Historians, theoreticians of various persuasions, interested individuals in any role provide differing answers. The conciliar "liturgy, work and charity" describes the task of bishops, priests and every Christian. "Administration" is assigned by Church law

42

and practice to bishops, many priests, religious men and women and to lay people. Some answer that diaconal ordination is to be conferred on a person who is performing diaconal ministry in fact. But, then, given Church law, just as an example, what of women? Is the deacon a substitute for a priest? Is the diaconate a means for obtaining visible ethnic representation among an ethnically non-representative clergy? Is the diaconate a providential instrument to develop an alternative clergy to the celibate priesthood? Is it a way to gain Hispanic vocations for the official ministry, in the face of failure to gain vocations to the priesthood?

A problem everywhere with the new permanent deacons is their contradictory status. By ordination they are part of the hierarchy. To other clerics — priests or bishops — and to themselves this should mean they have a voice as such. Yet if, as many deacons state, collegiality does not exist, does everyone work in a vacuum? There are questions: Do bishops and parish priests look upon deacons as assistant-priests? Or, do deacons themselves view their ministry as one of merely helping out, as wished by "Father"? These may be overall questions for the diaconate. They become more serious, however, when asked with an ethnic accent.[8]

Communities of religious share an important place in the history of the Church's ministry among Hispanics in the Northeast. Communities of priests and brothers from other countries that have taken a large, effective role in the Northeast States include the Augustinians of the Assumption, Spanish Vincentians and Recollect Augustinians. Individual religious priests from other countries who have worked in the region represent many additional communities. The Hispanic national parishes mentioned earlier are the work of foreign religious communities. In several dioceses, they or individual foreign religious are the mainstay of the Spanish apostolate. American religious communities, either in parishes staffed by them or in assistance elsewhere in local dioceses, supply priests to minister to the Hispanic community. The Redemptorists, Jesuits, various Franciscan groups, and virtually every other American community with priests, recognize their call to participate in this apostolate. If one day a detailed history of Hispanic ministry is written, the abbreviations of their orders and congregations will stand out on each page.

Aside from noting that these communities deserve thanks and recognition from Catholics throughout the Northeast, the major comment of the report here would be that remarks made earlier about the status, treatment and training of priests from other countries working in the area should be applied equally, where relevant, to members of religious communities from other lands.

Religious brothers and sisters contribute in a major way, to the Church's pastoral efforts in the Hispanic community. Aside from the teaching role in schools, where they affect thousands of Hispanic children and their families, Sisters in particular are the mainstay of catechetical and much of the rest of pastoral ministry to Hispanics in the Northeast. While precise numbers do not exist, the hundreds of sisters and brothers from the region's dioceses, who have participated in Spanish language institutes from the mid-1950's onward, in Ponce, Cuernavaca, Santiago, Cochabamba, and Douglaston — certainly indicate the concern of lay religious and their communities.

Over 300 sisters from Spain work in the region. Approximately 150 Hispanic sisters come from Mexico, Puerto Rico and Colombia and about 30 come from the United States. Finally, about 50 come from Cuba and other Latin American countries. The number of non-Hispanic sisters active in the Spanish Apostolate is not known at this time. Hispanic religious brothers in the area number about 20. The total number of sisters in the region is 52,110 and of brothers, 2,921.[9] Hispanics, then, form only a very small proportion of these religious. Their effectiveness in the population they serve, however, is highly meaningful.

Lay leadership and lay ministries in the Hispanic community are both critically important in the Northeast. Without lay people assuming active roles there is no way that the Church of the region could begin to compensate for its shortage of clerical and religious personnel capable of effective work among Hispanics.

This leadership is significantly present on almost every local level of the Church's operation. Literally, thousands of men and women in the Northeast keenly assist in the growth and efficacy of ministry among Hispanics. Certainly credit for motivating and developing this involvement by so many belongs to many people and groups, yet the Cursillo Movement deserves particular mention. Its twenty-five years have provided vast numbers of Hispanic Catholics in the region's diocese with a positive personal experience of the Church and moved them to be active within it. Unfortunately, although the enthusiasm of these lay leaders is strong, there is a consensus among those who exercise an immediate pastoral role with them that much of Hispanic lay leadership seriously needs sophistication and training in religious doctrine and in the purpose and practice of the apostolate.

In considering lay leadership, note should be taken of those in the

44

Hispanic community who carry on traditions of popular religious practice and also of those who in little ways manifest the Church as a community of caring persons. A primary example of the first group is the "knowledgeable" neighborhood person called on by bereaved relatives to lead rosaries and prayers for nine evenings after a family member's death.

The many Hispanic cursillistas and others in the region's parishes who privately visit ill or otherwise troubled people as an apostolate perform an immense service. This is the case always, obviously, but especially so with Hispanics, given the intense cultural emphasis on interpersonal relationships and concern.

The Church's lay employees affect the strength and weakness of Hispanic Catholicism in the Northeast in two ways: first, insofar as persons in Church employ in various capacities deal with Hispanics; then, insofar as the Church's institutions and agencies are employers of Hispanics.

In their contacts with Hispanic persons, frontline Church employees have obvious importance. Whether they be, for example, rectory housekeepers or secretaries, school teachers or Catholic Charities case-workers, frontline employees are often the chief points of contact for people with the Church's institutions. With what frequency do these employees offer welcome, understanding, linguistic and cultural comprehension to Hispanics? Church employees in executive and administrative positions affect both policy and its implementation. To what extent do they have a consciousness of the numerical and proportionate presence of Hispanics as a constituency of the Church in the various parts of the area? What efforts are being made by these employees to accommodate themselves, their outlooks and their agency efforts to the needs of Hispanics?

Hispanics are beyond doubt under represented in the various cadres of Church employees. Apart from menial positions, proportionately few are found on the staffs of Church institutions and agencies. Valid excuses such as the relative scarcity of trained Hispanic persons for certain positions, partly explain away the deficiency. Yet, it is quite apparent — even without firm data — that something akin to an affirmative action program is in order if many Church institutions are to avoid the appearance of ethnic bias.

2. Institutions, agencies, organization

The immediately preceding discussion sought insight into the Church's institutional entities and their involvement with Hispanics.

First and foremost pastorally of the Church's institutions are parishes. The many things already said about them in this paper have implied that there are some which are highly effective, others which are not, and that the difference is in personnel. Obviously, this generalization can apply to any parish anywhere. The point, however, is more specific in this case. In the wider application, the difference in personnel may be zeal, holiness, personality or some other similar factor. Here it is these, plus knowledge of and openness to Hispanics and their needs, and the ability to communicate linguistically. The Northeast dioceses have worked at providing apt staffing for parishes in their heavily Hispanic areas. In all dioceses, however — at least in parishes which are only partially Hispanic — personnel frequently lack one or the other or all of the three things mentioned: knowledge, openness and the ability to communicate linguistically. Even where there has been a genuine commitment of funds and people in an attempt to meet the need, as for example, in the metropolitan New York dioceses for almost three decades, this lack still appears widely. (The personnel in question include not only parish priests, but the entire parish pastoral and administrative staff, i.e. religious brothers and sisters, lay teachers and pastoral workers, rectory help and whomever else. An on-going problem exists.)

Success stories could be detailed at great length about parishes throughout the region that have facilitated real and active participation in the Church for Hispanic people. It is presumed that those who read this report know of those. The writers would delight in recalling them instead of highlighting difficulties, but, unfortunatelly, the latter must be done. Nevertheless, the labor of countless parish priests, religious and lay people these years to meet the needs deserves the praise of all.

In the judgment of the writers of this report, three elements of parish life distinguish themselves where outreach to Hispanics and their involvement is genuine. These are worship, efforts at the works of the gospel and evangelization, and signs of community.

No one with the slightest experience will doubt that an Hispanic congregation demands stylistically different kinds of expression in worship than those commonly found in the region's English language celebrations. The use of the Spanish language is not the only one. (In fact, with Hispanic people — particularly youth — who have been raised in the area, and whose primary language is English, Spanish may be out of place.) Rather, several other cultural ingredients combine to make appropriate worship experiences. Those who have the

46

duty of facilitating the liturgical and devotional life of Hispanic communities in their midst must be ready to allow these cultural forms to evolve in their parishes. They should also have training in appreciation and knowledge of them, if not the skill to assist in their advancement.

The vast majority of Hispanics in the Northeast are poor. While belonging to cultures permeated with the traditions of Catholic faith, they are also in the main dreadfully lacking in formal understanding of Christian belief. The poverty of Hispanics requires a parish pastorally concerned for them to perform the apostolates of social justice and the traditional corporal works of mercy commanded by the gospel in an intense manner. Where the parish is not so concerned, the credibility of the Church is compromised. Where it is, a path is opened for exangelization in the proper sense. Raising the level of formal knowledge of the faith in the Hispanic community is a difficult matter. A consciousness of the need for it on the part of those in pastoral positions and sympathy with the historical factors that have produced the need are the firsts steps toward resolving the problem. The most successful efforts at resolution now taking place in area parishes are within the groups to be spoken of next. Yet, since these groups comprise only a portion of any affected parish's Hispanic community, there is a call for other means of accomplishing what is necessary. In several discussions in preparation for this report, it was suggested that the key may lie in two areas: first, in the love of Hispanic peoples, whether church-goers or not, for Mary and, second, in their evident desire today to discover the Bible. How this might be reduced to practice demands study and thought.

The signs of community that appear in a parish which reaches out to Hispanics and in which they are involved include all those that are usual in Northeast parishes — helping out with parochial projects, dances, parties, membership in traditional type societies, and so forth. Some of the traditional type societies may have to be exclusively Hispanic, at least at present and for some years to come because of the language factor. In addition, however, some other associations connected with various movements are ordinarily highly encouraged in such parishes. Among the movements four stand out: the Cursillo and its youth counterpart, the Jornada, the Hispanic Marriage Encounter or Encuentro Matrimonial, the Spanish language Charismatic Renewal and the basic community (comunidad de base). Each of these four has proved its efficacy among Hispanics. Probably no Northeast parish successfully engaging Hispanics has not been touched positively by at least the first of them, the Cursillo.

47

The role of diocesan structures in the apostolate to the Hispanic community is obviously manifold and capable of lengthy discussion. It could bear long commentary not only because of the importance and multiplicity of the diocesan role, but also because of the diversity of the dioceses of the Northeast, ranging as they do from the totally urban and heavily Hispanic to the rural and sparsely Hispanic, ranging from the huge in population with large institutional entities to the small with agencies of proportionate size. The following concentrates on efforts at the Hispanic apostolate as such and treats structures such as Charities and school systems only very cursorily. The divergences among dioceses are generally avoided.

The bishop of a diocese and his immediate staff set diocesan policy toward Hispanics. Although implementation of a positive diocesan policy for the Church's Hispanic community may in practice be something difficult to secure, without such a policy relatively little positive, if anything, can occur. In 1955, in recognition of the greatly increased Hispanic population of the Northeast, Cardinal Spellman sponsored a major conference dealing with the topic in San Juan, Puerto Rico. Almost all of the bishops of the region sent representatives. In the time since, many of the Northeast bishops have repeated their concern. A large number gathered together in New York in 1977 for three days of reflection on the question of the Hispanic community.

New York, Brooklyn and Newark have over two-thirds of the region's Hispanic population. These dioceses have likewise been the most organized in attempting to further the apostolate. Nevertheless, twenty-four other dioceses have evolved structures specifically for aiding ministry to the Hispanic community. Schematically, the situation is as follows:

7 have Episcopal vicars for Hispanics
4 Episcopal Vicars are auxiliary bishops
1 has an auxiliary bishop coordinator
4 have directors responsible to an agency rather than directly to the ordinary
19 have directors directly responsible to the ordinary with varying degrees of vicarious authority
5 dioceses have diocesan Hispanic councils.

Apropos of these structures, however, Fr. Kenneth Smith, formerly a Northeast Pastoral Center staff member, had this remark to make in an unpublished paper:

"Unfortunately, many of the directors, vicars and coordinators have

48

many responsibilities not directly connected with the apostolate and cannot give full attention to the development of pastoral planning. In many cases the director is expected to be a "jack-of-all-trades" within the Apostolate. This is true where dioceses do not have Hispanic personnel in other diocesan departments."

Aside from establishing structures, bishops have authorized the expenditure of the funds necessary where personnel have been trained, whether in diocesan language schools and pastoral institutes or outside the country. Similarly, their approval has been necessary for any other endeavor for Hispanics on a scale wider than that of a particular parish or similarly local church organization.

The lead in all this has been taken by the metropolitan New York area. While it is clear that the needs of the Hispanic apostolate there are greater, and that this of itself would explain a quantitatively greater attempt to answer them, it should also be recognized that the ordinaries of these dioceses have over the years insisted on the priority nature of the Hispanic apostolate and on its active exercise.

Bishops have a collegial office extending beyond their own territories. One evidence of this regionally has been their founding the Northeast Pastoral Center five years ago and maintaining it since. Nationally, the American bishops took a major role in the struggle of the nation's chiefly Hispanic migrant farmworkers for justice. Likewise, the Catholic episcopate is the most important force in the fight to protect undocumented aliens and refugees from within this hemisphere. The role of bishops in the difficult issue of the Panama Canal a few years ago and their present activities relative to the consequences of the turmoil in Central America are outstanding. Many of the region's bishops stand out as national and local leaders in these efforts which intimately touch the lives of so many Northeast Hispanics. These are things for which the episcopate in general can legitimately stand with pride in the midst of the Hispanic community. The Bishops' Campaign for Human Development is another instance of their collegial activity helping Northeast Hispanics through the dozens of projects that it has funded. Through the American Board of Catholic Missions, the bishops have in the past few years begun the financing of programs of evangelization throughout the country with considerable focus on the Hispanic population. All this is highly positive, as has been in general the advocacy role for the poor taken by church leaders relative to welfare, housing and other social needs.

After parishes and the bishop's office, the agency that next potentially affects Hispanics in most dioceses is Catholic Charities. In some dioceses, sincere efforts have been made by Charities to work with and for the Hispanic community, to concentrate programs in areas of need, and to have bi-lingual personnel.

Diocesan Catholic schools' offices and other agencies which must take Hispanics into account, such as marriage tribunals, are beyond the scope of this report. Likewise, the question of diocesan seminaries is excluded, even if it is of critical importance for future ministry among Hispanics. (Do seminaries prepare non-Hispanics aptly for the task? Do seminaries enable Hispanic students to grow in their Hispanic identity so that they can be truly part of the communities which they will serve?)

Other efforts promoted by the Catholic Church within a diocese such as Church-sponsored housing, social centers directed by religious, drug rehabilitation programs, ex-offender halfway houses, and child-caring institutions also receive mention here only in passing. Yet, they are part of the Church's involvement with Hispanics.

The comments on Hispanic parish life earlier singled out the Cursillo movement as having affected virtually every parish in the region which has a relatively successful Hispanic apostolate. All such movements are supra-parrochial either in nature or inspiration. Due to its importance, some remarks are offered about the "Small Course in Christianity" or "Cursillo de Cristiandad," to give the full title. Imported from Spain roughly twenty-five years ago, it has gradually grown from scattered beginnings to be an influence in the entire nation's Hispanic community. Although in places such as Los Angeles it attracted the elite, generally the Cursillo has hit the grass-roots level of the Hispanic communities, without regard for ethnicity. It's force became obvious to non-Hispanics when it caught on with English-speaking Americans as well. Inspiring militancy in those who share in it, the Cursillo movement probably gave the real impetus to making many parishes in this region and elsewhere identifiably Hispanic. Many say without hesitation that it has been the backbone of the Hispanic apostolate. It gave much credibility to Hispanic Catholicism in the region. At the same time, however, that one would conclude it therefore deserves support, there are calls for review of its content and aims.

C. Pluralism

The immediately preceding section reported on parochial and diocesan ministry among Hispanics in the Northeast in somewhat of an essay form. Except for the delineation of some problems of ministry at the parish level, most of what has appeared has been a general statement of positive realities. At this point, the committee that has prepared this report thinks that a definite challenge should be raised, the challenge of pluralism. It clearly derives from what was stated in the section on Hispanic and American Catholicism and is implied by much of what both appears and does not appear in the section on ministry as performed by persons and institutions.

In its forms the Catholic Church in the Northeast is not a church which is polyethnic, multinational, or pluralist in religious practice, even if it is such in fact. It does not on the whole say to Hispanic Catholics, "Be *Hispanic* Catholics!" Rather, it seems to say to Hispanics "Be Catholics!" And, unfortunately and unavoidably, the tacit (although sometimes explicit) understanding of this term is "the way *we* are." It can be asked if at least a vocal part of American Catholic Church does not itself unwittingly hold the same discredited melting-pot ideology which for more than a hundred years oppressed the groups whose children now dominate it.

Hispanics coming to the Northeast have no genuine right to expect or assume that the patterns of local catholicism be the same as in an Hispanic culture. They have no right at all to expect their own patterns will become those of the rest of the Church here. But they do have a right to "be Hispanic Catholics" here, with respect for others and a right to receive respect. From those who are in a pastoral office they have a right to receive more: ministry and encouragement in their Catholicism. Also, they have a right to guidance and understanding until they have made a psychological and cultural entry into the Northeast as well as a physical entry.

In this context Hispanic participation in decision-making and inclusion of Hispanics as partners in communal Church ventures at all levels have importance. More than many other ethnic groups, Hispanics give value to their involvement as Hispanics and as equals in the various bodies of Church structure an operation. A brief set of honest conversations will show involved Hispanics declaring a real sense of exclusion from community by the English-speaking Church at all levels where decisions are made. The token Hispanic member of not a few committees is recognized as such.

The established Church, then, appears as a Church which *serves* Hispanics, which ministers *to* them, which has "missionaries" to newcomers. Hispanics are a "minority" (even if the majority in some places!) and sense themselves a minor part of the established Church's constituency and task. The Northeast Church maintains its former identity. It attempts to embrace the newcomers diligently and sin-

51

cerely, but within its own established contexts. Perhaps, realistically, as a set of human beings, it cannot do anything else. But, this should be recognized. If baptized people of a common belief are a church, the Hispanic population is already the Catholic Church of the Northeast — disorganized, not institutionally affiliated, but the Church nevertheless, arriving to coexist within the Church already here — with, however, its own identity. This being so, Hispanics should not be served or ministered to as a "minority" by a part of the Church that considers itself the majority. Rather, their Catholicism should be received for what it has to offer and aided in developing its positive elements in a new geographic locale. How? On a large scale, the question has not been answered. That there have been parishes where progress has been made seems evident. That it is not the programmatic rule is certain.

D. The Future

A monumental task presents itself to the Church in the Northeast, to its personnel and to its institutions. If one counts as Catholic all who say they are, some of its dioceses are already as equally Hispanic as anything else. Others will, it seems, become so. Lacking apt trained personnel, short of finances, with a weak popular understanding of the problems, those responsible must still try to answer the demands that present themselves.

Future-guessing is a game that players lose as easily as win. Save for death, there are only probabilities. Yet, wisdom requires that one prudently operate within and for these probabilities. The youthful, chiefly urban, mostly poor, Hispanic population of the Northeast will grow. Its natural increment by a birth-rate heavily outstripping other Catholic identified populations, will continue to augment itself in all probability with waves of both legal and undocumented immigrants and refugees from Caribbean and other Hispanic countries. Puerto Rican and Hispanic or Latin American migration to the Northeast will go on, even if one cannot know its extent.

It would be vain to repeat here the many social, economic, cultural, administrative and pastoral difficulties of the Hispanic community whose existence this report has explicitly or implicitly indicated. As they now call for response from the Church in the region, they will continue to do so, in old and new forms. Some of these difficulties have been faced by the area's dioceses as best they can. Others have not. Some demand reconsideration; others that are expected to increase need intensified efforts. The bishops and those who share responsibility with them must determine the priorities amidst it all and pursue implementation of what appropriate action resources will allow. The portrait of reality these pages have painted presents itself as frightening. Evangelical courage and determination seem ultimately to be the only firm place of hope for the work at hand.

As the years go on, and as the Hispanic community's children become part of its adult component, its Americanization will be evident. No one can know for sure what this will mean precisely for the Church. The report has referred to the tremendous need of cultural identity support in the Hispanic population of the Northeast. It has also stated that the Catholic Church is the natural vehicle for this support. Despite all the pressures, Hispanics cannot and will not on the whole assimilate, they will not as a group "Americanize" to the point of obliterating their unique ethnic values, culture and heritage. As the natural vehicle for Hispanic support, the Church can aid in the necessary integration of Hispanics into the Northeast. Although, for many, integration is a code word for assimilation, that is, for adopting the mores of others and conforming to alien structures, its true sense is not that. A dialogue needs to be performed between the general culture and the Hispanic culture within and without the Church for the sake of the entire community. Hispanics must adapt themselves but, at the same time, the larger community must also bend. In doing so both will be enriched. A serious role lies open here for the Church.

Protestant churches, the Jehovah's Witnesses and the Mormons have had great success in weaning Catholic Hispanics from Catholic allegiance. Observers generally agree that at least ten percent of the Northeast Hispanic population have ceased to identify themselves as Catholics and declare themselves as members of other religious denominations. These groups spend enormous sums and invest large numbers of personnel in recruiting Hispanic converts. Moreover, the Churches, particularly the fundamentalist ones, have encouraged Hispanics to be themselves. They have facilitated Hispanic leadership, however humble, and encouraged Hispanic religiosity by insisting on a pervasive commitment to practice.

(The strength of Spiritism and Santería in the region's Hispanic areas owes itself at least partly to their similar capacity for making Hispanics feel themselves. Even if these religious practices do not destroy nominal belonging to the Catholic Church, they do mislead people and harm their development as Christians.)

It is doubtful that Hispanics as a group could ever be truly at home as fundamentalist Protestants or with any of the non-ritual churches.

Our Lady, the saints and feast days are their cultural possession as well as religious expression. What they do find elsewhere, however, is welcome and social belonging as well as acceptance in leadership roles. If Hispanic Catholicism is to evolve in our region in proportion to the numbers of Hispanics, these things have to become more widely the reality in the region's Catholic parishes than they are now.

As was said earlier, Hispanics are already the Church. True, they have comparatively few clergy and religious in the Northeast who are their own. But, their potential to contribute to their own ministry under the guidance of their new bishops here has only begun to be tapped. Vocations are scarce. They are to be sought. Yet, even if they do not arise soon, the laymen and laywomen who want to proclaim the gospel in the Catholic Church to their fellow Hispanics are by experience there for the having in huge numbers. They need knowledge, direction, responsibility and voice. The new home of these transplanted Catholics can be made a comfortable one through their efforts. Hispanic Catholicism will survive and adapt itself in this region only if Hispanics have a large role in it. This is not gratuitous. When talking of Hispanic Catholics, one is talking of one-fourth of the nation's nominal Church and a proportion approaching that in the Northeast. Hispanics are not a minority in the sense the word's sound conveys to most people. They are well into the majority. Only the heroic stay where their rightful place is not recognized by others present.

The gospel, the Church's history at its best, Vatican II, the teachings of popes and of conferences like Puebla say that the Church is to opt for the poor. The Church's own poor in the Northeast now and for a time to come are dominantly its Hispanics. Is it wrong to say that it should opt for them?

[1] The persons involved in the discussions and consultation that result in the commentary to follow are Hispanic and non-Hispanic priests, religious and lay people from throughout the region. They come from virtually every educational, economic and social stratum. Yet, the writing committee must and does take final responsibility for these conclusions.

[2] The matter of Mass attendance is a particularly valuable locus for noting the difference among Hispanic ethnic and social communities. Puerto Ricans in the Northeast, for example, tend to assist less at Mass than, for example people from Colombia; those of middle class background more than the poor; the better educated more than those not.

[3] The estimates are based on a survey conducted by the Northeast Pastoral Center, "A Survey on Hispanic Priests in the Northeast of the United States", New York, N.Y. 1979.

[4] All of the immediately preceding derives primarily from extensive conversations and meetings between adjunct or extern Hispanic clergy in the Region, Northeast Pastoral Center staff and the members of the writing committee.
Similar analyses that appear subsequently without acknowledged sources result from a like process.

[5] Northeast Pastoral Center statistics.

[6] Dogmatic Constitution on the Church, No. 29.

[7] Bishops' Committee on the Permanent Diaconate, *Permanent Deacons in the United States: Guidelines on Their Formation and Ministry*. Washington, D.C.: U.S.C.C., 1971.

[8] The literature on the diaconate in evolution and in practice abounds in periodicals. For an inside view see *Diaconal Quarterly*, the newsletter of the Bishops Committee on the Permanent Diaconate. (Washington, D.C.; U.S.C.C.)

[9] These estimates are based on partial results from an ongoing Survey on Hispanic Sisters in the Northeast conducted by the Northeast Pastoral Center.

PART III

The Northeast Pastoral Center for Hispanics

A. History

In June of 1972, the Primer Encuentro Nacional Hispano de Pastoral (The First National Meeting on Hispanic Pastoral Ministry) was held in Washington, D.C. Sponsored by the Catholic Bishops of the United States, under the direction of Pablo Sedillo Jr., Director of the Secretariat for Hispanic Affairs, of the N.C.C.B./U.S.C.C. Its purpose was to begin the development of a pastoral plan for the Hispanic American community, approximately one-quarter of American Catholics.

Among the many conclusions of the Encuentro Nacional were these three recommendations: 1) to hold regional meeting with the goal of promoting awareness and concern for the Spanish-speaking; 2) to develop and coordinate personnel and resources in the dioceses of each region; and 3) to establish regional pastoral offices throughout the country to coordinate pastoral programming and planning.

A February, 1973 meeting of religious education coordinators from Northeast dioceses decided that such a regional meeting should be held as soon as possible. Its goals would be to assist in the establishment of a Northeast regional pastoral center and to undertake a study of existing pastoral reality in the Northeast for the purpose of developing a coordinate regional pastoral action plan. The meeting took place in Holyoke, Massachusetts, in November, 1974.

As a result of the 1974 Northeast Regional Encuentro, the Northeast Regional Pastoral Committee for Hispanics came into existence. The four episcopal regions each appointed one of their member bishops to it. Each region also delegated priests, religious and lay representatives in proportion to its Hispanic population. The full complement of 27 members met for the first time in Washington, D.C. in January, 1975.

The Regional Committee presented a proposal for the creation of a Northeast Hispanic Pastoral Center in June, 1975. Stating that the structure of the Church is not for itself but for the people who compose it, and that this people has the responsibility and the obligation of serving Christ always, as well as of countinuing his apostolic mission of evangelization and justice in our world, the Committee based its proposal on gospel mandates and the teachings of the Second Vatican Council. In its work at forming a proposal, the Regional Committee received considerable aid and guidance from the staff of the National Secretariat for Hispanic Affairs under the direction of Pablo Sedillo, Jr.

The goal for the Center set in the proposal was promotion of Hispanic community's commitment to the common effort of renewal, growth and development of the Church in the Northeast of the United States. Specific purposes were determined to be: promotion of Hispanic vocations throughout the region; pastoral formation and training of non-Hispanic personnel for the Hispanic apostolate; Christian formation of Hispanic leaders, clergy and laity; development of special programs for Hispanic youth; promotion of cultural formation in accord with the Hispanic ethnic groups represented in the Northeast; carrying out studies on pastoral and catechetical programs existing in the Northeast; preparation of pastoral and catechetical programs on a regional level; provision of consultant pastoral, catechetical and cultural services to the member dioceses; collaboration with the national Secretariat for the Spanish-speaking; preparation and maintenance of resource files and of pastoral, cultural and catechetical materials.

In February, 1976, the Northeast Pastoral Center for Hispanics opened its doors at rented offices in New York City. In April of that year it was dedicated officially by Cardinal Cooke at a ceremony. Assisting him were Bishops Mugavero, Snyder, Mahoney and Schad. The intense interest and continuing support of Cardinal Cooke led him to invite the new organization to establish its permanent home at the New York Catholic Center, 1011 First Avenue, New York City, in August, 1977.

The direction and on-going goals of the Center are established by a Board of Directors, identical with the Northeast Regional Pastoral Committee for Hispanics. The pioneer members of the Committee who guided the way from the November, 1974, Holyoke meeting to the Center's opening in 1976 included Mrs. Encarnación de Armas (Brooklyn), Fr. José Alonso (Paterson), Fr. José Alvarez (New York City), Mrs. Rosa Correa (Bridgeport), Rev. Mr. Luis Fontánez (New York City), Dr. Enildo García (Brooklyn), Mr. Edward Kalbfliesh (New York City), Mr. Hernan Machicado (Boston), Fr. Kenneth J. Smith (Worcester), Fr. Sean O'Malley (Washington, D.C.) and Fr. Luis Valdivieso (Arlington). Episcopal members were Bishops Schad (Camden), Mahoney (New York City), Daily (Boston), Gracida (Pensacola-Tallahassee) and, later, Snyder (Brooklyn). Together they worked out and forged the instrument which became the Northeast Pastoral Center for Hispanics. They provided it with its initial vision.

The present Regional Committee and Center Board of Directors is made up of the following persons: Fr. Michael Bafaro (Worcester), Dr. Claudio Benedi (Washington, D.C.), Mr. Edison Blanco (New York City), Miss Haydee Borges (New York City), Miss Sandra Capellan (Brooklyn), Mr. Isidro Castro (New York City), Fr. Octavio Cisneros (Brooklyn), Mr. Isidoro García (Trenton), Miss María de los Angeles García (Newark), Mr. Rafael González (Manchester), Miss María Pilar Latorre (Boston), Rev. Mr. Florencio Lebron (Paterson), Mr. Octavio Ledon (Richmond), Mr. José Lozada (Philadelphia), Mrs. María Machicado (Boston), Mr. Edwin Marini (Rockville Centre), Fr. José A. Salazar (Norwich), Sr. Margarita Velez (Washington, D.C.) The bishop members are: Bishop James C. Burke (Wilmington), Bishop Francisco Garmendia (New York City), Bishop Peter A. Rosazza (Hartford), Bishop James L. Schad (Camden) and Bishop René A. Valero (Brooklyn).

Staff members have included its present Executive Director, Mr. Mario J. Paredes, and Office Administrator, Miss Carmen A. Castro. These two were the entire staff at the Center's founding in 1976. Fr. Kenneth J. Smith joined as Pastoral Coordinator within a few months. A secretarial component of two persons was also taken on at the time. In 1979, Fr. Rutilio del Riego began to coordinate vocational development among Hispanics in the region under the Center's aegis in cooperation with agencies of the member dioceses. Mrs. Pauline Rosario and Miss Jennie Rodríguez undertook the task of coordinating leadership training institutes in the area. (These institutes now have a doubtful future because of funding difficulties.) For a time, the Center's youth programs were coordinated by Mrs. Rosa Correa and Brother Karl Koenig. This duty has now been assumed by Miss Carmen A. Castro. Last year Fr. Juan Díaz, S.J. began work on a project of evangelization among and for Hispanic of the Northeast. Recently, Fr. Kenneth J. Smith resigned from the Center staff and his place as Pastoral Coordinator was taken by Fr. José A. Flores.

Others have woked for the Center on a temporary or limited basis in connection with specific programs. Among these have been Fr. Robert Stern, Fr. Pablo Straub and Brother Eduardo Alvarez, S.J.

In addition, many other persons have acted in auxiliary capacities or as consultants. Their names are too numerous to list.

In accordance with the initial proposal, the financial support of the Center derives from the dioceses of the region. Each diocese is assessed according to the size of its Hispanic population. While almost all the region's dioceses have contributed regularly towards the financial maintenance of the Center, more than 50% of the support of the

Center has come from the Archdiocese of New York and the Diocese of Brooklyn. These two dioceses have more than half the Northeast's Hispanic population. Their steady support insures the Center's day-to-day operations in the service of all.[1]

Other funding for the Center has come from various sources. These include: the American Board of Catholic Missions, the Campaign for Human Development, the Loyola Foundation, the Maryknoll Fathers, Missionhurst, Our Sunday Visitor, the Pallotine Fathers, the Paul Foundation, the Vicentian Fathers.

B. The Center's Functions

The Northeast Pastoral Center came into existence because Hispanic Catholics asked that it be created. Yet, those responsible for the Church, its bishops and those immediately assisting them, would not have acceded to the requests of the Encuentros unless they themselves had perceived needs to be fulfilled that either could not or were not being fulfilled otherwise. The Northeast Pastoral Center is not, however, the Church's pastoral response to its Hispanic communities; it is an ancillary agency not an independent operation. Following principles of subsidiarity, the dioceses of the Northeast rely primarily upon local resources. Only when those responsibile discern contingencies that are not adequately answered by such resources do they create and utilize a new institutional entity to supplement their own activities. The utility of the Northeast Pastoral Center, therefore, lies in augmenting and facilitating the existing pastoral efforts of the dioceses which sponsor it.

For review, the Center's functions these five years are divided here into three general parts: 1) services to individuals; 2) inter-diocesan services; 3) services on a nation-wide level.

1. Services to individuals

The existence of the Northeast Pastoral Center has prompted numbers of native Spanish-speaking priests and Sisters to request assistance in obtaining spiritual guidance and counselling. Many have arrived in this country without knowledge of English and have discovered no way of making meaningful annual retreats or communicating their deepest spiritual needs.

For the last five years, annual retreats for priests working in the Spanish Apostolate have been sponsored in the Spanish language. The average attendance from the different dioceses of the region is 55. It is of some significance to note that, at the first of these retreats, there were 70 priests in attendance, many of whom had not made a retreat in years because of a language barrier.

The retreat masters have been Bishop Alberto Iniesta, Auxiliary Bishop of Madrid, Archbishop Patricio Flores of San Antonio, Fr. Segundo Galilea, a noted Latin American pastoral theologian, Cardinal Vicente Enrique Taracón, Archbishop of Madrid, Cardinal Eduardo Pironio, Prefect of the Sacred Congregation for Religious and Secular Institutes.

The Center also provides retreats in Spanish for religious. Native Spanish-speaking Sisters in our region number approximately 350. At the moment there exists a pressing need for facilities to provide adequate spiritual guidance for these Sisters. Many of them are struggling to meet the spiritual needs of the Hispanic community without an opportunity to meet their own spiritual needs. Because of lack of funds this service had to be discontinued in 1980.

Likewise, in recognition of the language difficulty, the Center offers frequent seminars and courses which provide theological, scriptural, liturgical and pastoral updating for Spanish-speaking priests and Sisters. These educational opportunities are available to lay people in the apostolate as well. The programs utilize experts in their respective fields. They are also tailored to meet local needs of particular places which request them.

2. Inter-diocesan Services

In June, 1976, the Center sponsored its first summer Institute under the direction of Fr. Alonso Schoekel of the Pontifical Biblical Institute in Rome. More than 140 priests and religious attended during the day and over 300 lay persons at night. This original endeavor served a twofold purpose: training in current biblical scholarship and personal contact among leaders of the Hispanic apostolate in the region.

This institute was one of the first of many recurring institutes and programs provided by the Center in its exercise of a training function for hundreds of clergy, religious and laity, Hispanic and non-Hispanic, everywhere in the region. By sharing resources and with a specialized staff at the Center, the Catholic Church in the Northeast has facilitated necessary educational processes for itself and ensured a set of programs which work toward the fulfillment of the region's needs.

Included on the list of interdiocesan services have been conferences on immigration, human rights, religious education and women in ministry. Conferences on Puebla, Panama, and Cubans in the Northeast are some of the many that touch specific areas of interest. In addition, seminars on the Hispanic family, Caribbean liturgical music, Caribbean folk-religion and "Christmas in the Caribbean" have been sponsored in response to requests for needed socio-cultural background material by those in the apostolate. In an endeavor to maintain pastoral awareness the Center has held directed study days on *Evangelii nuntiandi, Catechesis Tradendae, Redemptor hominis* and *Laborem exercens* in various places in the region.

From its beginning, the Northeast Pastoral Center has had close ties with the Brooklyn Diocesan Language Institute. The Center has provided the already existing professional language curriculum with cultural-pastoral input. This collaboration has helped an average of 60 students a year to achieve not only technical language skills but also ability in communicating across cultural lines with a defined pastoral orientation.

One of the most significant tasks taken on by the Northeast Pastoral Center has been the creation of the Conference of Diocesan Directors of the Spanish Apostolate. This Conference first met in Philadelphia in 1976. Seventeen directors participated. Its first president was Msgr. William Reynolds, a veteran of the Spanish Apostolate in Camden. The second president was Father Thomas Craven, of Philadelphia, who has been involved in the apostolate for more than twenty years. (The Conference of Diocesan Directors exists independently of the Center. Nevertheless, the Conference still receives assistance from the Center.)

The aim of the Conference of Diocesan Directors has been to forge ties of mutual communications among the various Hispanic ministries throughout the Northeast.

It has also worked at establishing a close line of contcats with the pastoral leadership of the different areas from which come the majority of Hispanics who migrate to the Northeast. An early decision was made to hold an annual meeting in one of those same areas. The meeting was to be arranged in a way that it involved the local Church. The Center has been able to facilitate the overall planning and careful research required for these trips. The following have taken place thus far: Puerto Rico (1977); Santo Domingo (1978); Panama (1979); Southwest, U.S.A. (1980); Puerto Rico (1981). (This latter meeting was designed to strengthen the dialogue and interchange between Puerto Rico and the Northeast dioceses.)

Meeting annually in the locals from which the Northeast Hispanic populations come has proved to be one of the best educational ex-

61

periences organized by the Northeast Pastoral Center. Encounters with other cultures and dialogue with the hierarchies of those areas have helped engender a more effective pastoral presence among the largely immigrant Hispanic population of the Northeast. Perceiving the dimensions of the former social, economic and political life of Hispanic immigrants has been of inestimable value.

In much the same direction as the Conference of Diocesan Directors, an interdiocesan organization of Hispanic religious education coordinators has been developed every four months. Coordinators from fifteen dioceses meet for exchange, study reflection and planning around common concerns. Like the Conference of Diocesan Directors, this group is linked with the Pastoral Center but remains autonomous. Its president is María Pilar Latorre of Boston.

The first goal of the Conference of Religious Education Coordinators was a regional catechetical institute for the training of Spanish-speaking teachers of religion. With the organizational aid and expertise of the Northeast Pastoral Center and the assistance of Dr. Marina Herrera of the Department of Education of the United States Catholic Conference, a twelve-day training program took place in Paterson in 1979. One-hundred and forty lay catechists participated. This was the frist major step in a continuing process of regional collaboration in the field of religious education.

A second project asked for by the religious education coordinators was interdiocesan cooperation in an evangelization process. This project has been inaugurated, with the full-time assistance of Fr. Juan Díaz, S.J., of the Northeast Pastoral Center Staff with funding from the American Board of Catholic Missions. It has involved the identifying of needs, creation of materials and the training of people to do the work of evangelization at grass-roots levels. Two book-length publications have been produced. One, *El Dios de Nuestros Padres* (The God of our Forefathers) delineates the Catholic tradition of Hispanics as part of their identity. The other, *Buscando Nuestra Identidad* (In Search of Our Identity) is a training manual for the project in practice. Using these and other materials, groups of people in Brooklyn, Boston, Harrisburg, Hartford, Newark and New York have undergone ten-week training sessions and are actively engaging in evangelizing efforts. Other parts of the total project include developing a sound Mariological catechesis for the 450th anniversary of the apparition at Guadalupe, radio programs and other media ventures.

For their part, the region's religious education coordinators have recognized that they are essential links in the on-going education programs that are necessary for the Hispanic population throughout the region. They lend their training and their expertise to both the planning and the conducting of the Center's various summer institutes.

Similar to the Conference of Diocesan Directors and Religious Education Coordinators is the Association of Hispanic Deacons. With some 220 Hispanic (men) ordained deacons exercising ministry in the region, the Center realized the need to offer them a common forum and assistance in fulfilling their vocation. The first meeting of these deacons was held in 1977 in the Archdiocese of Newark under the leadership of Deacon Luis Fontánez, of the Archdiocese of New York.

A major consultation for Hispanic deacons was convened in 1980 at the University of Fairfield, in Bridgeport, Connecticut. Organized by a team of local deacons under the direction of Deacon Guillermo Romagosa, PhD., of the Archdiocese of New York, the gathering discussed the problems faced by permanent deacons in general, and by Hispanic permanent deacons in particular. Their goal was to create means whereby they might better achieve their developing identity as deacons and as Hispanic ministers in the Northeast United States. Also discussed was the possibility of undertaking services of value to deacons and diaconate programs of the dioceses of the region.

Recognizing the importance of vocations in the pastoral mission of the Church, the Northeast Pastoral Center has arranged three meetings of the Hispanic seminarians of the region. It has also designated one of the full-time staff assistants, Father Rutilio del Riego, coordinator of vocations projects. In October, 1979, the Center organized a three-day conference on Hispanic vocations for diocesan and religious vocation directors, together with rectors of seminaries. About one-hundred of those who were invited attended the Conference. They discussed and shared their thoughts on the critical vocational situation which must be faced in light of the Northeast's ever-growing Hispanic population.

Over 56 bishops of the Northeast gathered at Cardinal Spellman Retreat House in New York City in October, 1977. They had accepted an invitation by Cardinal Cooke to spend three days in reflection over the Hispanic community and the Church in the region. Also participating were 16 Latin American bishops who had been delegated for this purpose by their episcopal conferences. It happened that this was the first large scale organized pastoral encounter between Latin American and United States hierarchies. The coordinators of the Conference, Fr. Robert Stern and the Northeast Pastoral Center staff made all arrangements for speakers and the participation of other knowledgeable persons. It was agreed that the experience was fruitful for both participants and the Church as a whole.

In October, 1978, the Northeast Pastoral Center called together more than ninety major superiors of religious communities of the Northeast for a three-day workshop on the realities of Hispanic peoples vis-a-vis the Church. These superiors met and shared their experiences with local and national Hispanic leaders in an effort to come to some conclusions on what religious communities might do to advance the work of evangelization in Hispanic communities. Also taking an active part were representatives of the Conference of Latin American Religious, thus assuring that the catholicity and supra-national nature of religious witness in the Church were underscored. The Conference was under the direction of Bro. Eduardo Alvarez, S.J.

Fundamental to all the Center's thinking concerning contemporary pastoral needs has been the challenge of working with youth.

The International Eucharistic Congress at Philadelphia in 1976, provided the first occasion for the Center's involvement with young people. In cooperation with the Jornada Movement and under the direction of Fr. Juan Amengual, C.M., the Center helped facilitate seven months in outreach programs preparing for the Congress. These efforts resulted in more than 5,000 Hispanic youth from the region going to the Congress and taking part in it. In particular, these young people participated with great enthusiasm in the planning and execution of the Congress's youth rally.

An *encuentro* of Northeast Hispanic youth took place under the Center auspices in 1978. The coordination of the project was under Bro. Karl Koenig, O.F.M. It succeeded in gathering 280 young people from 21 dioceses of the Northeast. They decided to establish a continuing Regional Youth Task Force. Its membership was first elected at the *encuentro*. It consists of four representatives from each of the four episcopal regions in the Northeast. This committee now meets four times a year. Currently, it is in the process of helping to evolve the role of young Hispanics in the Church through the formation of institutes for youth. A young man from Hartford, Hector Ortiz is Chairman. Coordination is supplied by Miss Carmen Castro of the Center with Bro. Jay Rivera, O.F.M. Cap., as advisor.

The Center has keenly recognized the lack of available printed materials relating to the Church's pastoral mission to Hispanics in the Northeast United States. In response, it has thus far provided sixteen publications for the use of those engaged in ministry with the Hispanic communities. In preparation for the Holy Father's visit to the United

States, a limited edition of 5,000 copies of a life of Pope John II was published. In cooperation with the United States Catholic Conference, the Center produced the complete text in Spanish of the proceedings and conclusions of the Call to Action Conference.

A publishing project of great pastoral potential is currently being undertaken. The lack of a lectionary with a text of the Bible suitable for all Hispanics has long been noted. Using a grant from the Pallottine Fathers' Foundation for Apostolic Causes, the Center is producing a lectionary for Sundays and feast days with the text of the *Latin American Bible,* a version recognized and approved for its accuracy and intelligibility. It will be published in April, 1982.

3. *National Services*

After five years of existence, the Northeast Pastoral Center now stands for many as the focal point of the *hispanidad,* the "hispanicity" of the Church of the Northeast. Its director and members of its staff are continuously asked to participate in national meetings and discussions as representatives of Hispanic Catholicism in the Northeast. Through the Center, the visibility of the Church's Hispanic population in the region becomes tangible. To this extent the Pastoral Center has exercised an appreciable role in and with many organizations and agencies, not the least of which is the National Secretariat for Hispanics of the United States Catholic Conference. These two agencies have come to work together closely in a relationship of mutual support.

Because history has tended to concentrate the attention of the Church's national agencies concerned with Hispanics in the West and Southwest, the large Hispanic populations of the Northeast tended to be somewhat forgotten at the national level. Through the labors of the Pastoral Center, the realities of the Church's strong Hispanic pastoral ministry in the Northeast are becoming more and more a factor in national planning. As an authorized voice of the Hispanic Catholic communities and those who minister to them in this area, the Center has become an agent of communication and exchange with Hispanic Catholic communities and ministry throughout the rest of the Country. It now provides easy access to the many departments of the United States Catholic Conference in matters that affect Hispanic peoples here. Moreover, when needed it offers its now recognized expertise and assistance to those departments and similar agencies at local levels elsewhere.

One of the basic functions carried out by the Center is its service as advocate both locally and nationally on issues that affect Hispanic communities. Strong efforts at influencing policy and practice have been made in areas such as bilingual education, amnesty for undocumented workers, recognition of the rights of migrant workers, housing and the relations of Hispanic communities with the police. The concern of Hispanic peoples for their brothers and sisters in the troubled countries of Latin America has had a considerable voice through the Center before government and elsewhere.

On the national level, the Northeast Pastoral Center (as already partly indicated) took a most active part in the International Eucharistic Congress in Philadelphia and also in the Call to Action Conference in Detroit. Under the direction of the National Secretariat for Hispanic Affairs, it received major responsibilities in the planning of the Second Encuentro Nacional held in Washington, D.C. The significance of the Northeast Pastoral Center nationally is now a recognized fact. It provides a voice and presence of Hispanics of the Catholic Church in the Northeast which would have to be established if it did not already exist.

Major Ad-hoc Projects

1. Political symposium at the Felt Forum in New York City.
2. Study session and conference for the region's bishops on ministry among Hispanics and bishops of Hispanic countries and various experts.
3. The Second Regional *Encuentro*.
4. Meeting of major religious superiors on Hispanic ministry.
5. Organization and convening of youth congresses and institutes.
6. Work on the Hispanic participation and aspects of the National Eucharistic Congress.

A Sampling of Other Endeavors

1. Conference on immigration.
2. Conference on religious education.
3. Conference on women in ministry.
4. Study days on *Evangelii Nuntiandi* and other papal documents in various places in the region.
5. Workshop on Christmas in the Caribbean.
6. Seminar on the Hispanic family.
7. Conference on immigration procedures.
8. Conferences on Panama by Archbishop Marcus McGrath of Panama City.
9. Seminar on Caribbean liturgical music.

10. Seminar on Caribbean popular religion.

11. Leadership training program in dioceses throughout the region.

12. Conferences on Puebla in Baltimore and New York.

13. Conference on Cubans in the Northeast.

14. Conference on human rights.

Schematically, the following lists gather together most of the Center's major projects these past five years and present a sample of less spectacular efforts.

Major On-going and Recurring Projects

1. Annually, a residential course in Spanish language and Hispanic culture for priests, religious and laity of the region. (This is held in cooperation with the Diocese of Brooklyn.)

2. Annually, a pastoral institute of six weeks duration for those who work among Hispanics and for Hispanics dealing with various areas of pastoral formation and expertise.

3. Frequent seminars and courses on various theological, social and cultural subjects both in English and in Spanish.

4. Many publications in English and Spanish on topics pertinent to Hispanic problems and evangelization. These range from a booklet on prayer to a study on biblical catechesis of the New Testament.

5. Convening and coordinating annual meetings for communication and study among diocesan directors of the Hispanic apostolate in the company of different Latin American and Caribbean hierarchies.

6. Vocation recruitment and pursuing among Hispanic youth throughout the Northeast with regular follow-up among Hispanic seminarians.

7. Organization and sponsorship of regular retreats for Spanish-speaking priests, deacons and religious of the region.

9. Study days frequently in different places among those working with Hispanic and among Hispanics in various places.

10. Acting as consultants on programs among Hispanics, such as Cursillos and *comunidades de base.*

11. Efforts at bringing together and evolving youth leadership among Hispanics.

12. Organization of conferences and seminars among different groups in the Church — bishops, rectors of seminaries, religious superiors, vocation directors, other cadres.

13. Consultative assistance to various agencies and personnel, such as Catholic Relief Services, Catholic Charities' agencies, United States Catholic Conference offices, etc.

Day to Day and Occasional Tasks

1. Frequently acting as consultants and voice for the Hispanic Catholic community before representatives of government and governmental agencies on various questions as well as before the diplomatic community, particularly in New York.

2. Acting in coordination with and as voice for the Northeast, for and to the National Secretariat for Hispanic Affairs of the NCCB/ USCC of the Church and increasingly taking a leadership role in it.

3. Constant visits and meetings with those working among Hispanics and with Hispanic groups throughout the region.

4. Acting as representative for the northeastern Hispanic Catholic community and its dioceses at meetings in other parts of the country.

5. Acting as voice for the Hispanic Catholic community of the Northeast to the press and other media.

6. Acting as liason for the region in many matters with the Latin American and Caribbean hierarchies.

7. Research and planning by Center staff for the benefit of the region's dioceses.

8. The daily provision of materials, literature, information and consultation to individuals involved in ministry in the region through the Center's office.

9. Acting as a place of contact with the Church in the Northeast through visits to its offices by such persons as Adolfo Pérez Esquivel of Argentina, winner of the Nobel Peace Prize, Bishop Arturo Rivera y Damas, Coadjutor of San Salvador, Bishop Polanco Brito, President of the Episcopal Conference of the Dominican Republic, and various representatives of the episcopal conference of Argentine, Brazil, Chile, Colombia, Ecuador, Panama, Peru, Puerto Rico and Spain.

C. Conclusions and the Future

The writers of the report would like to underscore three roles the Center has exercised as evidence by its activity.

First, the Center has exerciesd a training role for thousands of clergy, religious and lay people — Hispanic and not Hispanic — everywhere in the region, through its recurring institutes and particular programs. By sharing resources and having a specialized staff in its Center, the Catholic Church in the Northeast has facilitated educational processes for itself and ensured a set of programs toward fulfillment of its needs.

Next, there has evolved for the Center the role of helping to coordinate the work of the Hispanic apostolate. This has taken place chiefly through its sponsorship and the convening of regular meetings of those involved. In particular, the annual meeting of diocesan directors situated in one of the places in the Caribbean or Latin America from which the Northeast Hispanic population derives, has been a broad step toward that intercooperation among national churches for the sake of the apostolate of which Vatican II spoke.

A third role that has developed is the Center's standing for many as the tangible focus of the Northeast Church's *hispanidad,* its "Hispanicity." Its director and other staff people participate in meetings and discussions as accepted representatives of Hispanic Catholicism in the Northeast. The visibility of the Church in the region as a Church of Hispanics, as well as of others takes on an identifiable focus and ceases to be lost in the composite.

The Committee that has prepared this report is admittedly prejudiced, but believes its judgment that the Center has performed well is correct. The Center's financial resources have been limited, yet, it has accomplished far more than might have been expected because of the dedication of both its director and its staff.

The data, analysis and commentary of the report's first two parts clearly provide many paths which the Center could take in the future. The committee's recommendation is that it continue to emphasize the three roles sketched above, that is, training, coordination and representation. Of these, the committee thinks training is the most important along with the research publications and planning to do it well. Some old answers have worked, some have not. Some new ones are needed.

As with any agency, the Center's programs need constant evaluation and renewal. If it is to continue to be useful, it must take on what it can to fulfill the mission given it in service of the Church and its Hispanic apostolate in the Northeast. The problems and questions detailed in the first two parts of this report are numerous and complex. Many are simply beyond the Center's possibilities. Others await a mandate or an insight into how they might be approached.

The list that follows identifies those areas which the writing committee believes need action. Some are already part of the Center's agenda but require continued emphasis. Others have either not been taken on or have been given only scant attention. The list is offered to encourage consideration by this report's readers of directions the Center should pursue. Any decision in these matters depends on the Center's board of directors and the region's bishops. Yet, the voices of groups and persons such as the Conference of Diocesan Directors of the Spanish Apostolate are indispensable.

Areas for Possible Emphasis or Action:

1. For personnel involved in the Hispanic apostolate

   a. For Hispanic clergy and religious in the Northeast: language training; training in Amreican culture and ways; training in Hispanic cultures other than their own; provision of means for social and spiritual community in the United States, — a foreign country for them.

   b. For non-Hispanic clergy, religious and lay people working in the apostolate: aid in language instruction; cultural training; assistance in trying to bridge the gulf between the cultures and between the religious understandings.

   c. For Hispanic lay people: training in Scripture and doctrine; training in catechetical and apostolic methods; leadership training; training in American culture and ways; provision of means for area-wide communication and spiritual development.

2. Communications

   Development of educational and propaganda materials for use in Spanish language media — television, radio, newspapers.

3. Advocacy

   Assisting dioceses, parishes and other Church agencies in their efforts on behalf of the Hispanic community in matters of concern: discrimination, the image of Hispanic newcomers, housing, education, employment, the plight of refugees and undocumented immigrants and other similar issues.

4. Hispanic identity

   a. Promoting and expounding the cultural identity of the various Hispanic ethnic groups in the Northeast within the groupss themselves and among others.

   b. Promoting and expounding the non-Hispanic identity of all the ethnic groups in the Northeast community.

   c. Assisting and sponsoring the celebration of the various festivals and other signs of Catholic belonging which are part of the traditions of the Hispanic community, particularly the various feast-days of Our Lady.

   d. Promoting the participation of Hispanics as Catholics in the secular celebrations of Hispanic belonging.

5. Pluralism

    a. Increasing the exchanges between the Church in the places from which the new population comes and the Church in the Northeast.

    b. Promoting Hispanic involvement as equal participants in the various levels of Church organization.

    c. Providing publications and other materials for Hispanics and non-Hispanics which will help in the necessary process of integration.

    d. Promoting the employment of Hispanics in positions of responsibility in the various Church agencies.

    e. Promoting the evolution of structures which will allow Hispanics to aid more completely in the ministry to the Hispanic community.

    f. Work within the Hispanic community to create a sense of responsibility for the Catholic Church in their new home, including responsibility for personnel and financial support.

Northeast Regional Pastoral Committee for Hispanics, Inc.

Balance Sheet

As of June 30,

ASSSETS

Current Assets:	1980	1979	1978	1977
Cash in Banks	$35,283	$11,110	$23,615	$32,816
Accounts Receivable	3,041	824	856	596
Prepaid Expenses	2,924	13,692		
Book Inventory	11,465	7,030		
Total Current Assets	$52,713	$32,656	$24,471	$33,412
Fixed Assets:				
Library & Equipment Net of Depreciation	$22,929	$19,043		
Total Assets	$75,642	$51,699	$24,471	$33,412

LIABILITIES AND FUND BALANCE

Current Liabilities:				
Accounts Payable	$19,533	$22,206	$ 1,372	$ 1,923
Deferred Income	34,801	7,392		
Total Current Liabilities	$54,334	$29,598	$ 1,372	$ 1,923
Fund Balance	21,308	22,101	23,099	31,489
Total Liabilities and Fund Balance	$75,642	$51,699	$24,471	$33,412

Statement of Revenue and Expenses

For the Years Ended June 30, 1980, 1979, 1978 and 1977
With Budgeted Amounts for June 30, 1981

	1980	1979	1978	1977	Total (4 Years)	Percentage	Budget Year ending 6/30/81
Revenues:							
Donations & Grants	$ 80,487	$ 52,785	$ 29,500	$ 89,520	$252,292	31	$105,210
Quota Contributions	116,605	95,427	112,064	65,040	389,136	47	139,200
Workshops & Conferences	43,020	43,152	34,528	19,163	139,863	17	45,000
Sale of Books	23,974	857	3,486	5,772	34,089	4	10,000
Miscellaneous	5,253	1,000	3,440	986	10,659	1	1,000
Total Revenues	$269,339	$193,221	$183,018	$180,481	$826,039	100%	$300,410
Expenses:							
Salaries, Payroll Taxes and Benefits	$ 82,514	$ 79,664	$ 65,095	$ 58,103	$285,376	35	$114,410
Office Expenses	24,573	19,221	26,776	31,679	102,249	13	23,000
Travel Expenses	18,992	11,892	29,605	25,987	86,476	11	12,500
Rent	11,888	11,314	14,206	14,271	51,679	6	13,000
Books & Subscriptions	11,290	897	9,489	6,418	28,094	3	1,000
Printing	44,099	15,318	9,629	9,394	78,440	10	21,000
Professional Fees	4,622	6,405	1,086	825	12,938	2	6,500
Workshops & Conferences	63,947	50,663	34,072		148,682	18	94,500
Depreciation	4,628	3,234			7,862	1	3,500
Miscellaneous	3,559	2,146	1,450	2,315	9,470	1	
Total Expenses	$270,112	$200,754	$191,408	$148,992	$811,266	100%	$289,410
Excess (Deficit) of Income over Expenses for the Period	$ (793)	$ (7,533)	$ (8,390)	$ 31,489	$ 14,773		$ 11,000

73

Diocese	Quota Contribution	Paid 1976-1977	Paid 1977-1978	Paid 1978-1979	Increased Quota Contribution	Paid 1979-1980	Paid 1980-1981
Albany	$ 396.00	396.00	396.00	396.00	700.00	700.00	700.00
Allentown	300.00	300.00	300.00	300.00	500.00	500.00	500.00
Altoona-Johnstown	300.00		300.00	300.00	500.00		500.00
Arlington	1,260.00		300.00		1,800.00	500.00	500.00
Baltimore	360.00	360.00	360.00	360.00	700.00	700.00	700.00
Boston	2,700.00	2,700.00	2,700.00	2,700.00	3,500.00	2,700.00	3,500.00
Bridgeport	2,700.00		326.58	2,000.00	3,500.00		2,000.00
Brooklyn	32,400.00	30,000.00	30,000.00	30,000.00	35,000.00	35,000.00	35,000.00
Buffalo	720.00	720.00	720.00	720.00	1,000.00	1,000.00	1,000.00
Burlington	300.00	300.00	300.00	300.00	500.00	400.00	500.00
Camden	1,620.00	1,620.00	1,620.00	1,620.00	2,100.00	2,100.00	2,100.00
Erie	300.00		300.00	300.00	500.00		500.00
Fall River	360.00	360.00	360.00	360.00	700.00	700.00	700.00
Greensburg	300.00	300.00	300.00	300.00	500.00	500.00	500.00
Harrisburg	900.00			124.77	1,200.00		
Hartford	3,348.00		1,000.00	1,000.00	4,200.00	1,000.00	1,100.00
Manchester	300.00	500.00	300.00	300.00	500.00	500.00	500.00
Newark	10,800.00	1,527.83			13,500.00		
New York City	36,000.00	35,130.00	36,000.00	36,000.00	41,500.00	41,500.00	41,500.00

Derwich	300.00	300.00	300.00	300.00	500.00	500.00	500.00
Ogdensburg	300.00	300.00	300.00	250.00	500.00	400.00	400.00
Paterson	2,520.00	2,520.00	2,520.00	2,520.00	3,200.00	3,200.00	3,200.00
Philadelphia	3,060.00	3,060.00	3,060.00	3,060.00	4,200.00	4,200.00	4,200.00
Pittsburgh	300.00	300.00	300.00	300.00	500.00	500.00	500.00
Portland	300.00	150.00		300.00	500.00		300.00
Providence	540.00	540.00	540.00	540.00	800.00	800.00	800.00
Rochester	1,260.00		500.00	1,260.00	1,800.00	1,015.00	1,400.00
Rockville Centre	3,600.00	2,500.00	3,600.00	3,600.00	6,000.00	6,000.00	6,000.00
Scranton	300.00	300.00	300.00	300.00	500.00	500.00	500.00
Springfield	936.00	936.00	936.00	936.00	1,200.00	1,200.00	1,200.00
Syracuse	540.00	540.00	540.00	540.00	800.00	800.00	800.00
Trenton	1,800.00	1,800.00	1,800.00	1,800.00	2,500.00	2,500.00	2,500.00
Washington	1,800.00	1,800.00	1,800.00	1,800.00	2,500.00	2,500.00	2,500.00
Wilmington	300.00	300.00	300.00	300.00	500.00	350.00	500.00
Worcester	540.00	540.00	540.00	540.00	800.00	800.00	800.00
	$113,760.00	89,379.83	92,918.58	95,426.77	139,200.00	113,065.00	119,300.00

Informe

sobre

La Comunidad Hispana,

La Iglesia, y el

Centro Católico para Hispanos del Nordeste

Indice

TERCERA PARTE
EL CENTRO DE PASTORAL PARA LOS HISPANOS DEL NORDESTE

APENDICE

80

INTRODUCCION

Los orígenes de este informe son muy simples. Para conmemorar sus primeros cinco años de existencia, el "Centro de Pastoral para los Hispanos del Nordeste", deseaba proporcionar a cualquier persona interesada un sumario de sus actividades en este espacio de tiempo. Se estableció un comité que comenzó a actuar. Muy rápidamente, surgió otra idea. El Centro existe debido al problema que se le plantea a la Iglesia del nordeste, el problema de sus nuevas y crecientes comunidades hispanas. Un resumen de las actividades del Centro sin una descripción de ese problema no tendría sentido. En una discusión más amplia, se concluyó que se necesitaba igualmente alguna indicación sobre su orientación futura.

El resultado son las páginas que siguen. La parte inicial presenta a los hispanos del nordeste y aspectos de su situación. A continuación, el informe trata de observar primero la vida religiosa de los que forman la mayoría de la Iglesia del nordeste y la de los recién llegados hispanos. La última parte trata del Centro propiamente dicho.

El personal del Centro desea dar gracias a todos los que lo han apoyado durante estos cinco años, a los miembros de su junta directiva (en particular a los que han sido presidentes de la Junta, el P. José Alvarez, el actual Obispo René A. Valero, el Sr. Isidro Castro y el P. Octavio Cisneros) y a muchos otros que han efectuado una labor con él y en pro de sus esfuerzos. Entre ellos se hallan los Directores Diocesanos del Apostolado para los Hispanos de la Región. Su asociación bajo la presidencia durante esos años de Monseñor William Reynolds, el P. Thomas Craven y el P. Sean O'Malley ha sido de gran importancia para el progreso del Centro.

Más especialmente, el personal del Centro reconoce con gratitud el interés de los Obispos de la región por la comunidad hispana. Entre ellos, es preciso señalar al Cardenal Cooke por el estímulo constante que ha dado al Centro desde sus comienzos hasta ahora. Sin su interés y su entusiasmo personales, los programas del Centro hubieran sido sólo una mínima parte. Igualmente, debe mencionarse al Obispo Mugavero. Probablemente más de la mitad de la población hispana de la región reside en los territorios de la Arquidiócesis de New York y la diócesis de Brooklyn. Como resultado, puesto que el financiamiento del Centro se distribuye entre las diócesis del nordeste según la población hispana de cada una, más del 50% de su apoyo económico procede de estas dos diócesis. Evidentemente, sin el apoyo de sus ordinarios el Centro no hubiera continuado.

Mario J. Paredes
Director Ejecutivo
Centro Católico para Hispanos del Nordeste

Los Hispanos del Nordeste

Esta primera parte del informe tiene tres secciones. La primera resume algunos datos demográficos significativos con relación a los hispanos: datos estadísticos sobre la población, edad, situación económica y educación.

La siguiente peresenta elementos de la cultura hispánica y de los valores culturales, distintos a los que predominan en el nordeste. Se incluyen en esta presentación comentarios sobre los problemas de los hispanos con el sistema de justicia criminal y la participación de éstos en la política. Finalmente, esta primera sección suscita la cuestión de la identidad y el mantenimiento de ésta.

A. Datos Demográficos

En 1960, los informes del censo dieron la cifra de 3.100.000 personas de origen hispano en los Estados Unidos. En 1970, el censo indicó que había 9.100.000. Un cálculo de 1978 de la oficina del censo dio más de 12 millones, un aumento de más del 32.5%. Los primeros datos del censo de 1980 indican la cifra de 14.600.000, un aumento de más del 60% desde el último censo[1]. Estas cifras no reflejan adecuadamente a los inmigrantes indocumentados, que, según cálculos diversos, son entre 3 y 12 millones[2], ni la afluencia continua de refugiados políticos y económicos de América Latina[3]. Un total de 18 millones de hispanos en los Estados Unidos continúa aumentando a una proporción mucho mayor que la población en general.

El sesenta por ciento de la población hispana de la nación es de origen mexicano. Los dos grupos étnicos siguientes más grandes son los puertorriqueños y los cubanos. Los mexicoamericanos y los inmigrantes mexicanos viven en su mayor parte en el oeste y en el sudoeste. La mayoría de los puertorriqueños de los Estados Unidos viven en el nordeste; la mayoría de los cubanos, en Florida y en las zonas de Nueva York y Nueva Jersey. No obstante, puede hallarse gente de cualquier grupo prácticamente en todas partes del país[3].

Aproximadamente, el veinte por ciento de los hispanos de los Estados Unidos se hallan en el nordeste, más del 11.5% solamente en el estado de Nueva York, según los primeros informes del censo de 1980. Incluyendo a los inmigrantes indocumentados, el nordeste probablemente tiene más de cuatro millones de hispanos, cifra que aumenta constantemente. En la década de los 70, los hispanos constituían más del 8%

de la población del estado de Nueva York, y más del 5% de la del estado de Nueva Jersey. Aunque los puertorriqueños componen el 40% del total del nordeste, grandes concentraciones identificables de gente de casi todos los demás países hispánicos y grupos étnicos se hallan por toda la región[4].

Las características de la población hispana de los Estados Unidos varían según el grupo étnico. La edad, la situación económica y otros factores (incluyendo las prácticas religiosas) diferencian a las múltiples comunidades hispanas. No obstante, aunque, de forma ideal, habría que hablar separadamente de cada grupo étnico, no es posible hacerlo aquí[5]. Sin embargo, vale la pena hacer algunas generalizaciones.

Un estudio particular de la "United Way of America" resume los datos sobre las características de la edad de la población hispana de los Estados Unidos en la primavera de 1978, como sigue:

La población hispana, excepto en el caso de los cubanos, es bastante más joven que la población no hispana de los Estados Unidos. Los niños de ascendencia hispana de menos de 5 años, constituyen el 12.4% de todos los hispanos, mientras que sólo el 7% del resto de la población tiene menos de 5 años. Igualmente, sólo cuatro de cada 100 hispanos tienen 65 años de edad o más, comparado con once de cada 100 del resto de la población de los Estados Unidos. La edad promedio de los cubanos es de 37 años, la de los puertorriqueños, 20 años, y la de los mexicanos, 21 años. La edad promedio de la población no hispana es de treinta años.[6]

Si estos datos estadísticos se aplican a los cuatro millones de hispanos que se han calculado que hay en el nordeste (de los cuales sólo alrededor de 220.000 eran cubanos antes de la reciente afluencia de los exiliados), entonces casi dos millones de los cuatro tienen menos de 21 años. Un millón y medio de los cuatro millones tienen entre 6 y 21 años de edad.

Los hispanos en todos los Estados Unidos, incluido el nordeste, ganan menos que la población en general. Los puertorriqueños, que son más numerosos que los otros hispanos en el nordeste, se sitúan en la escala más baja[7] Hay razones para esto, como la falta de oportunidades de empleo en los últimos años en las zonas urbanas del nordeste, el promedio más bajo de la edad de la población y la deficiencia del nivel de educación, junto con la falta de oportunidades educativas. La pobreza, no obstante, sigue siendo tan real después de la explicación.

K. Wagenheim en un artículo del otoño de 1979 aparecido en "Metas", ofrece los siguientes comentarios con respecto a la situación económica de los puertorriqueños. Sus observaciones valen la pena de mencionarse al reflexionar sobre los hispanos del nordeste:

Fijándose de manera específica en los puertorriqueños (1.800.000) mencionados en el informe de la oficina del censo de junio de 1979, pueden verse ejemplos claros de las diferencias entre los grupos hispanos.

En el campo de los ingresos familiares, vemos que la familia puertorriqueña típica ganaba sólo $7,972, comparado con $11,742 correspondientes a las familias mexicanas y $14,182 a las cubanas.

Igualmente vemos que, aunque el 15.1% de las familias cubanas y el 18.9% de las mexicanas, tenían unos ingresos inferiores al límite de pobreza establecido por el gobierno federal, el 38.9% de las familias puertorriqueñas vivían en la pobreza.

Y, si tenemos en cuenta los datos reunidos en años anteriores, vemos que ha habido un deterioro importante de la condición socioeconómica de los puertorriqueños, en comparación con la población general de los Estados Unidos y con los otros grupos hispanos.

Por ejemplo, entre 1971 y 1977 (el año que abarca el CPS de 1978 con respecto a los ingresos), observamos que el ingreso total de las familias de los Estados Unidos aumentó aproximadamente el 55%. El ingreso de las familias mexicanas y cubanas aumentó a aproximadamente el mismo ritmo, en un 57% y 51%. Sin embargo, el ingreso promedio de las familias puertorriqueñas durante ese período aumentó sólo el 29%, lo que quiere decir que los puertorriqueños están, en comparación, mucho peor de lo que estaban al principio de esta década.

Llegamos a la misma conclusión cuando analizamos la situación de pobreza de las familias. Entre 1971 y 1977 el porcentaje de familias de los Estados Unidos que vivían en la pobreza se mantuvo relativamente estable, aproximadamente el 9%. Sin embargo, entre las familias puertorriqueñas ascendió del 27% al 39%.[8]

En 1978, el 97% de los no hispanos de los Estados Unidos de más de 25 años de edad tenían al menos cinco años de escuela. Este era el caso de sólo el 83% de los hispanos (y del 85% de los puertorriqueños). El 67% de los no hispanos habían terminado los estudios secundarios, pero solamente el 41% de los hispanos (entre éstos el 36% de los puertorriqueños).[9]

Dentro de la situación del nordeste es interesante notar que existe una mejora educativa notable dentro de la comunidad puertorriqueña, según se refleja en datos recientes. En 1971, sólo el 23% de los puertorriqueños habían terminado los estudios secundarios. Por otro lado, otros datos indican que el número de puertorriqueños graduados de la universidad casi se había duplicado en el mismo período, del 2,2% al 4,2%.[10]

B. Cultura Hispánica y Valores Culturales

En muchas maneras, los hispanos en general son diferentes de los que forman la mayoría del nordeste. Las diferencias son frecuentemente origen de malentendidos. Los factores secundarios, como la apariencia física, formas de vestir y gustos en la decoración, no constituyen el problema, aunque şean a veces origen de conflicto. Hay cosas más profundas que se hallan en los valores y costumbres (positivas y negativas) que son propias de los hispanos y que están en contraste con los demás. A la descripción breve de aspectos de estos valores y costumbres le sigue aquí la presentación de dos problemas relacionados de alguna manera con la cultura y los valores culturales: la medida en que el crimen y el sistema de justicia criminal afecten a los hispanos, y los hispanos a la política. Y éstos se presentan con cierta amplitud no sólo por su propio interés, sino como un ejemplo de la complejidad de las cosas múltiples que uno debe considerar al reflexionar sobre un sector diferente de la población.

De forma más evidente, el idioma distingue a los muchos hispanos del resto de la población del nordeste. En lugares como en la ciudad de Nueva York, en la que hay muchos hispanos, casi parece que en el transcurso de una generación la zona se ha convertido en zona bilingüe. En la primavera de 1976, según el "National Center for Education Statistics", aproximadamente el 80% de todos los hispanos se identificaban como personas que vivían en hogares en los que se hablaba español. Aproximadamente un tercio vivía en hogares en los que el español era el idioma habitual. El 95% de los hispanos que ahora viven aquí y que nacieron fuera de los Estados Unidos, se hallaban en hogares hispanoparlantes.[11]

En las comunidades hispanas existe un fenómeno con el idioma que es menos evidente entre otros grandes grupos que no son de origen anglosajón. Los hispanos tienden a preservar y utilizar el idioma de su patrimonio cultural en lugar de cambiar completamente al inglés, incluso en la segunda y tercera generaciones. El motivo de esto se encuentra en la historia de los medios de comunicación, en los factores económicos, en la dinámica de la preservación del grupo, en el orgullo cultural y en la propia identidad.

La explicación del fenómeno, no obstante, es compleja. Algunas de las razones de éste no hubieran podido argüirse con respecto a los anteriores grandes grupos de inmigrantes de la misma zona que no eran de habla inglesa. Los medios de comunicación populares, como la televisión y la radio, junto con la música grabada, existen y están disponibles de forma amplia en español. El teléfono y la rapidez actual de los viajes hacen que lugares como Nueva York y San Juan, sean ciudades vecinas. Ningún hispano, de cualquier lugar que proceda, ha de tener ya la sensación de que un viaje al nordeste es algo definitivo. El regreso a "casa" puede hacerse en cuestión de horas.

Dígase lo que se diga, el fenómeno del uso constante del idioma español por los hispanos continúa. Esto se enfrenta al deseo general de la mayoría del nordeste y de los Estados Unidos de que se "hable inglés" e "inglés solamente". Sitúa a los hispanos aparte de las instituciones sociales establecidas, los sistemas educativos y la Iglesia y pone a todas estas instituciones a prueba.

La mayoría de los hispanos del nordeste llegan con valores culturales que aún idealizan una familia extensa y el mantenimiento de lazos auténticos con los múltiples miembros de ésta. En este sentido, la familia de los hispanos comprende no sólo a los parientes consanguíneos y por alianza matrimonial, sino a los "parientes" por asociación, como los padrinos, "parientes" por amistad y respeto, como paisanos o vecinos. Desde esta perspectiva, cada pariente individualmente y todos los parientes juntos tradicionalmente tienen una relación estrecha con cada miembro de la familia. Por el contrario, según cultura dominante en los Estados Unidos, se espera que esta relación significativa y útil exista solamente entre los miembros de un núcleo familiar. Para los hispanos, los valores implícitos en esta tradición significan que la vida y la responsabilidad deben centrarse en las obligaciones hacia la familia y los amigos es decir, las personas. Los logros, el poder y las posesiones con frecuencia son percibidos como completamente secundarios.

Este enfoque de la familia, las personas y la vida es tradicional en las culturas hispánicas. Es más notorio, no obstante, en algunos grupos que en otros.

Igualmente desaparece mediante la separación de los miembros de la familia con el tiempo y la distancia, así como con la influencia de la cultura estadounidense. En donde han surgido ejemplos de familias encabezadas únicamente por la madre o el padre, como ocurre entre muchos puertorriqueños del nordeste, evidentemente ya no puede verse una estructura familiar tradicional. Sin embargo, el ideal y los valores de éste permanecen arraigados e influyen en el comportamiento.

En la más amplia sociedad americana, en la que hasta el generalmente aceptado modelo de núcleo familiar se halla en crisis, si no en desintegración, existe poco apoyo y escasa comprensión para los hispanos que intentan seguir manifestando las consecuencias de su tradición en este sentido. Los conflictos que surgen de esto van desde la auténtica lucha por mantener las relaciones familiares frente a las presiones contrarias, a las dificultades del empleado hispano incomprendido que pone en peligro su empleo faltando al trabajo sin avisar porque un pariente lejano le pide de repente que le ayude a resolver un problema o llega al aeropuerto inesperadamente y es preciso darle la bienvenida.[12]

La mayoría de los estadounidenses tienden, desde un punto de vista cultural, a valorar el día de hoy en función del de mañana. Se trabaja ahora para obtener algo más adelante. Hasta se descansa o se divierte un día para estar preparado para otro. Como ocurre en la mayor parte de las sociedades rurales y menos urbanizadas, en la cultura hispánica se aprecian las relaciones positivas y alegrías del momento. Una persona disfruta de lo bueno de que dispone, en lugar de apresurarse a realizar algo para obtener un beneficio futuro. No se preocupa de las eventualidades futuras. De la misma forma, el sufrimiento presente y las experiencias negativas lo son sólo del momento.

Las tradiciones hispánicas tienden a presentar una visión general del mundo. Se juzga la realidad según lo que rodea a determinadas personas o acontecimientos. Es una visión correlativa. La visión americana dominante es opuesta y tiende a particularizar. Se percibe la realidad a través de la interpretación de las cosas y de los acontecimientos tal y como son. Quizás sirva de ayuda un ejemplo. En la cultura hispánica se tiende a apreciar o no apreciar a una persona en virtud de la impresión que da a los demás o de su relación recíproca con ellos como personas. En la cultura americana se tiende a estimar o no estimar a una persona según el mérito mostrado por ella misma, sola y aparte de los demás. Según esta tradición, para los hispanos el "sacerdote X" es un buen sacerdote si se relaciona bien con el público, es cordial, acogedor, ejerce influencias positivas sobre la vida de los demás y mantiene relaciones afectuosas con ellos. Para los que no son hispanos el "sacerdote X" puede ser "bueno" porque ejerce bien determinadas actividades, posee ciertos títulos académicos, es experto en resolver gran variedad de problemas o tiene determinados talentos. Para la mayoría de los católicos del nordeste, el título de "Padre" es el que pertenece a un sacerdote simplemente a causa de su función. Para la mayoría de los hispanos, el título de *"Padre"* no tiene un sentido puramente honorífico. Su uso normalmente supone al menos la posibilidad de una relación familiar entre las personas.

Hay muchas otras diferencias entre los sistemas de valores y culturales dominantes en el nordeste, algunos de los cuales son negativos a la luz de las normas morales cristianas. Por ejemplo, existe de forma bastante general una fidelidad a un sistema patriarcal que se opone a la proclamada estructura igualitaria de la familia y sociedad americanas. (Esto no significa que una mujer no tiene poder en una tradicional situación familiar hispana. Antes bien, para sus hijos al menos, tiene un papel de gran mérito. En un sector creciente de la sociedad hispana del nordeste en la que no existe el padre en el hogar, su papel es aún más importante). El *machismo* en sus diferentes manifestaciones todavía forma parte del concepto psicológico y del comportamiento de los hispanos, desde la infancia en adelante. Entre los pobres en particular, el combate físico es para muchos un medio apreciado de resolver los conflictos con los demás. Con él, no obstante, se observa una capacidad de pasar por alto y perdonar muchas ofensas, lo que no se advierte fácilmente entre los que no son hispanos.[13]

En todo esto, se ha de insistir de nuevo en que cada grupo hispano es diferente al otro. No sólo existen diferencias a causa de las diversas culturas de las naciones y lugares de los que los hispanos vienen al nordeste, sino que hay diferencias generales e individuales debidas a la clase social y a la educación dentro de los grupos étnicos más grandes. Las descripciones ofrecidas aquí son en su mayor parte una exposición general sobre la realidad de la cultura hispánica.

La tendencia arraigada en la cultura hispánica de dar un gran valor a la dignidad y el bienestar correlativo de la persona y la familia es por sí misma evidentemente muy positiva desde un punto de vista cristiano. Aunque existe esta tendencia, y las otras inclinaciones positivas que la acompañan, en prácticamente cualquier hispano o grupo de hispanos, se manifiestan de varias formas y mezcladas con elementos que el cristianismo considera negativos. Aunque dentro de la cultura dominante del nordeste se tiende a estimar demasiado la productividad y el progreso material, en la cultura hispánica se tiende con frecuencia a menospreciarlos en la práctica. No obstante, el materialismo y el consumismo son cada vez más una característica tanto de los hispanos como de los que no son hispanos.

Se observa en la actualidad en la sociedad en general, una desintegración de las normas morales. Sin embargo, algunos aspectos del desorden moral, desde el punto de vista estadístico, se manifiestan de forma destacada entre los hispanos en particular. Es el caso del aborto, los nacimientos fuera del matrimonio y el crimen, especialmente el crimen violento y el relacionado con la droga.

Los datos sobre los nacimientos fuera del matrimonio y los abortos entre los puertorriqueños de los Estados Unidos aumentaron del 11% del total de nacimientos al 46% siendo este porcentaje solamente inferior al de los negros, que es el 50%. En 1971, entre los puertorriqueños de la ciudad de Nueva York hubo 7,500 abortos y 21,000 niños nacieron vivos. Para 1977, las cifras ascendieron a 12,800 abortos y 12,500 niños nacieron vivos.[14] Presiones de varios tipos, económicas, sociales y las originadas por los programas fundados por el gobierno, explican en parte el dramático aumento. Sin embargo, cualquiera que sea la explicación completa, el cambio en la práctica es evidente y dramático. Probablemente así es el cambio en la evaluación del aborto por parte de los que toman parte en él.

La presencia de los hispanos en el sistema penal del nordeste se ha hecho cada vez más notable. En un estudio de 1979 se informa de lo siguiente:

En el sistema correccional del estado de Nueva York, la evidencia sugiere que, aunque pequeña, la presencia de los puertorriqueños está aumentando y más rápidamente que la de otros grupos étnicos. El creciente porcentaje de puertorriqueños dentro de este sistema se puede atribuir no sólo a su desproporcionada enorme presencia dentro de las nuevas reclusiones, sino también a su desproporcionada escasa presencia entre los que son puestos en libertad. Según los cálculos demográficos más dignos de confianza, el porcentaje de hispanos en el sistema correccional es el doble del porcentaje de hispanos en la población total de la ciudad de Nueva York. En un programa federal de libertad condicional de presos los hispanos igualmente eran más del 20% de los delincuentes sometidos a supervisión en el período de cinco años de 1972 a 1977.[15]

En otras palabras, puede suponerse que los hispanos de todo el nordeste constituyen de forma desproporcionada un gran número de los detenidos y condenados por crímenes y, un problema completamente diferente, abundan de manera desproporcionada entre los encarcelados y mantenidos en prisión.

Aunque los datos indican que los delitos de robo constituyen más del 40% de los cometidos por los varones puertorriqueños encarcelados en las prisiones[16], los datos estadísticos verdaderamente significativos son los de asesinatos u homicidios y los de los delitos relacionados con la droga. El cuadro siguiente muestra los problemas de la violencia y de la droga entre los puertorriqueños, comparados con los demás.[17]

% de varones admitidos en las instituciones penales del Estado de Nueva York, clasificados por grupo étnico y delito.

	Blancos		Negros		Puertorriqueños	
	1975	1976	1975	1976	1975	1976
Crimen u homicidio	9.2	10.0	11.1	13.3	18.0	17.3
Delitos relacionados con la droga	13.9	17.5	10.4	10.4	16.1	25.3

El problema de los hispanos y el sistema de justicia criminal es algo más que el crimen. Cualquiera que sea el origen del comportamiento criminal entre los hispanos y sus remedios, la vida en las comunidades hispanas del nordeste resulta agravada por otros elementos del sistema de justicia criminal. Un análisis de algunas de estas dificultades es útil, no solamente para revelar las dimensiones de este problema de forma clara, sino como un ejemplo de lo complejo que puede resultar para los hispanos cualquier aspecto de la vida en la nueva sociedad.[18]

Hay evidencia de antipatía e incomprensión entre los hispanos y muchos funcionarios encargados de la ejecución de la ley. Por un lado, está esta nueva población, que en su mayoría habla otro idioma, con muchas costumbres y actitudes diferentes. Por otro, hay extraños a la comunidad hispana que intervienen en la vida de ésta, mayormente sólo para sorprender a la gente haciendo alguna fechoría.

La ley misma ocasiona la dificultad. El sistema legal de los Estados Unidos, y especialmente del nordeste, representa una tradición legal común en la que la mayor parte de las leyes han surgido gradualmente de la experiencia compartida. Por lo tanto, la cultura dominante tradicionalmente acepta la ley en general como intrínsecamente justa y como algo que es preciso obedecer. Todos los hispanos (incluso los puertorriqueños y los mexicoamericanos que han vivido mucho tiempo con un sistema de leyes de estilo americano) proceden desde el punto de vista cultural de una tradición en la que la ley la impone desde arriba un legislador. Desde un punto de vista histórico, la última gran imposición fue el Código Napoleónico. Según esta última tradición, la ley es más una realidad externa. En la vida cotidiana es algo secundario para una comunidad o para el propio reglamento del comportamiento, ya sea que éste esté de acuerdo con la ley o no.

Los tribunales de justicia de la región constituyen una fuente de desconcierto para los hispanos. Además de la posible falta de simpatía por las tradiciones y de la posible discriminación en el tratamiento, existen problemas económicos y de idioma. La mayoría de los hispanos son pobres.

No pueden pagar abogados particulares y defensas cuidadosamente preparadas en los casos criminales. Incluso cuando pueden, la completa confusión para muchos, que se ven en medio de procesos que se llevan a cabo en un idioma que no es el suyo, con quizás conocimientos elementales de él, la mayor parte de las veces con abogados incapaces de efectuar una comunicación adecuada con los clientes hispanos, es desmoralizador e inhumano.

Factores económicos impiden que muchos hispanos puedan aprovechar la libertad bajo fianza mientras esperan el juicio. La mayoría de los pobres sólo pueden optar por la fianza nominal. (Esto explica en parte el hecho de que la proporción de hispanos en las instituciones penales del nordeste sea mayor que su proporción en la población en general). En este caso existe efectivamente un proceso para los ricos y otros para los pobres, entre los que se hallan la mayoría de los hispanos.

En los lugares de detención y en las cárceles, los hispanos se sienten extraños, debido a su diferencia del resto de los presos y de la mayoría de los que forman parte del personal de las prisiones. Abierta y disimuladamente son objeto de discriminación.

El último tema tratado levemente en esta exposición de la cultura y los valores hispánicos, es el de los hispanos y la política.

La gran mayoría de los hispanos del nordeste participan mucho menos en la política que el resto de la población. Ya sea por falta de conocimientos o porque simplemente se sienten fuera del proceso, los hispanos que reúnen las características para poder votar no lo hacen tanto como los que no son hispanos. Hay cierto número de funcionarios públicos hispanos que han sido elegidos, pero son relativamente pocos, comparado con la cantidad de habitantes hispanos. Además, con frecuencia son diferentes, desde el punto de vista étnico y social, a la mayoría de los hispanos a quienes representan. En particular, los católicos son menos numerosos entre ellos de los que pudiera esperarse. Aún no ha aparecido ni surgido un conjunto de dirigentes públicos hispanos suficientemente amplio y representativo. Los puertorriqueños y mexicoamericanos, que son ciudadanos de los Estados Unidos de nacimiento, comparten con los ciudadanos hispanos naturalizados lo que de hecho constituye una separación de la causa pública. Los hispanos que viven aquí legítimamente, pero que no son ciudadanos de los Estados Unidos, junto con los muchos inmigrantes indocumentados, se hallan, según la ley, privados de la participación política. La débil voz política hispana significa necesariamente una limitada atención política positiva.[19]

Al mismo tiempo que los hispanos del nordeste muestran relativamente poco interés por la política en el interior de los Estados Unidos, muchos están enormemente interesados en la realidad política de su país de origen. Este es el caso especialmente de los cubanos, dominicanos y muchos otros procedentes de países latinoamericanos. Los numéricamente minúsculos, aunque activos, movimientos radicales puertorriqueños han demostrado suficientemente la presencia de sus seguidores en los Estados Unidos mediante la colocación de bombas y otros actos terroristas.

C. La Identidad Hispana y su Mantenimiento

Los datos demográficos y la cultura de un pueblo dan al observador una idea de quiénes son los hispanos del nordeste. Muchas de las necesidades de esta población se hallan sistemáticamente al descubierto: vivienda, empleo, educación, programas sociales de ayuda y todo lo demás que se necesita para hacer frente a la existencia de la región.[20] La segunda parte de esta ponencia trata de la religión, las necesidades de ésta y la interesante respuesta de la Iglesia del nordeste por la comunidad hispana. No obstante, ya en otro campo, se halla la necesidad de identidad que, con frecuencia, no se considera. Puesto que la satisfacción de esta necesidad es algo en lo que la Iglesia, por su propia naturaleza, tiene un papel importantísimo, la cuestión de la identidad de los hispanos y lo que ésta lleva consigo merece atención especial.[21]

La teoría de la americanización referida al "melting pot" ha sido desacreditada y abandonada como no solamente irreal e imposible, sino inhumana e indeseable; recientemente y más energicamente por la Comisión de Obispos de los Estados Unidos para el Desarrollo Social y la Paz Mundial, en su declaración del 4 de enero de 1981. La reducción de los patrimonios individuales a cierto mínimo común denominador, que quiere ser una mezcla que incluye a todos, se ha presentado como una cosa injusta. La invitación disimulada a todos para que se conviertan en cierto tipo de protestante anglosajón blanco en lo referente a los valores, costumbres y apariencias, ahora se ve como una forma de dominación, si no manipulación y es perjudicial para la sociedad en conjunto.

La "nueva corriente étnica" ("new ethnicity") de años recientes ha reconocido, al menos parcialmente, que los patrimonios culturales diversos perduran, en lugar de desaparecer, a pesar de las presiones contrarias; que la diferencia enriquece en lugar de empobrecer a los individuos, a los grupos y a la sociedad en general. La uniformidad ya no puede ser propiamente la meta americana. Los recién llegados no deben soportar el peso de la conformidad, como lo hicieron las generaciones anteriores. Los italianos, polacos, irlandeses, negros y apalaches blancos no formaban parte verdaderamente de la sociedad, no eran "americanos", ni aceptados socialmente, hasta que hablaran, parecieran y actuaran tan parecido como fuera posible a la norma general determinada por un grupo particular que tenía el poder en la sociedad. A estos "otros" les dijeron que abandonaran el idioma, las costumbres y la comprensión de su propio pueblo.

Hoy reconocemos que los hispanos necesitan otros hispanos y la cultura hispánica para su desarrollo positivo como pueblo, igual que cualquier persona de cultura definible ordinariamente necesita personas de la misma cultura como apoyo. Al decir esto, no se da a entender que exista la necesidad de una mentalidad de barrio pobre separado, (o un ghetto) ni de una visión endoétnica de la realidad, ni una convivencia de ellas, sino más bien de afirmar que el poder, por lo común, proviene de la fuerza. Para que los hispanos del nordeste se libren rápidamente de su pobreza y de diversas privaciones importantes, han de cumplirse dos requisitos. Primero, como personas y como grupo, deben mantener su identidad hispana con notable confianza. Segundo, el resto de la sociedad ha de llegar a ver a la comunidad hispana, sus diferentes grupos étnicos y los elementos positivos de su cultura como nuevas contribuciones a la sociedad pluralista de los Estados Unidos.

Las personas ya no debieran necesitar separarse de mil formas de su comunidad de origen y de su patrimonio cultural, para obtener los beneficios económicos y sociales de los Estados Unidos.[22]

No se afirma lo anterior ingenuamente. En primer lugar, los problemas de la identidad destruida o rechazada externamente, o ambas cosas a la vez, causan una buena parte de las dificultades experimentadas por los dos grupos hispanos más grandes de los Estados Unidos: los puertorriqueños y los mexicoamericanos...

En 1898, España cedió Puerto Rico a los Estados Unidos. Sin ninguna decisión propia, se sometió a todo un pueblo no solamente a una potencia extranjera, sino a una cultura completamente extraña. Según muchos pensadores, los ochenta y pico años de dominación de los Estados Unidos en Puerto Rico han sido años de imperialismo económico y cultural. El traslado a la isla de los sistemas americanos educativos, legales y demás, la concesión en 1917 de la ciudadanía estadounidense a los isleños de nacimiento, y la práctica de la protección benigna mediante los beneficios de la asistencia pública, todo contribuye a confirmar la idea de los que dicen que la isla ha recibido exactamente el mismo tratamiento que han recibido de sus propietarios las otras colonias de las otras naciones. El resultado, afirman estos pensadores, es que los puertorriqueños, como grupo, constituyen un pueblo que no tiene auténtico control de su propio destino. Se dirigen al "continente" como al árbitro final del poder. La gente de la isla recibe lo que posee. incluso, en lo que respecta a su idioma materno, la influencia del inglés en los medios de comunicación, el gobierno, el comercio y la educación ha resultado en un empobrecimiento cualitativo del idioma español entre ellos. Las idas y venidas continuas al continente de miles de puertorriqueños en las últnmas décadas, han debilitado aún más la integridad de la isla, por no mencionar los efectos de haberse convertido ésta en un lugar de recreo para que pasen las vacaciones los americanos de habla inglesa. En lo que concierne la religión, los protestantes americanos han respondido generosamente a la necesidad de clero para la Iglesia Católica de Puerto Rico desde los comienzos de la posesión americana de la isla. No obstante, un efecto secundario de esto fue el de tener una Iglesia hispana excesivamente en manos de no hispanos. Hasta los obispos eran americanos, no hispanos. Muchos creen que el producto resultante es un pueblo que carece de identidad propia firme y segura, un pueblo al que le parece difícil superar la sensación de que su puesto en la sociedad es de clase inferior y el de alguien que no ha logrado éxito.

(Ha de reconocerse que algunos aspectos de lo mencionado anteriormente y sus implicaciones son discutibles. El desacuerdo actual entre los partidos políticos puertorriqueños, entre los activistas e intelectuales puertorriqueños y entre otros estudiosos de la realidad puertorriqueña, da amplio testimonio de la falta de certeza de algunos detalles. No obstante, es una opinión a tener en cuenta. Los puertorriqueños están orgullosos de serlo, aman a su patria y tienen una historia auténtica y penosa. La pregunta es: ¿Ha surgido de esa historia un pueblo seguro, independiente y dueño de sí mismo hasta el punto que lo son los otros? Específicamente, en el contexto de la presentación de esta ponencia ¿son los puertorriqueños seguros, independientes y dueños de sí mismo hasta el punto que lo son los demás grupos étnicos del nordeste, aun los otros hispanos? Excepto con respecto a los negros americanos, la respuesta a primera vista parece ser negativa).

En 1848, la superficie de la nación mexicana fue dividida en dos partes. La mitad norte de México se convirtió en territorio de los Estados Unidos. El sudoeste de los Estados Unidos formaba parte de México y sus habitantes eran mexicanos. Esos son ahora extranjeros en su propia tierra natal, aún cuando son legalmente ciudadanos del nuevo estado soberano. La realidad de la opresión social y económica ejercida contra los mexicoamericanos nativos se ha expuesto demasiado bien para que se necesite repetir aquí.[23] Esta opresión ha sido tanto cultural como religiosa. La población que llegó al poder en la antigua región mexicana hizo todo lo que pudo para hacer ver que lo que era culturalmente mexicano era inferior. Es algo milagroso que el catolicismo mexicoamericano subsista, dada la falta de comprensión y constante maltrato que recibió durante años. Los mexicoamericanos también se sienten inseguros en muchos aspectos relacionados con su propia identidad, aunque tienen raíces geográficas firmes en lo que ahora son los Estados Unidos.

Aunque los inmigrantes de otros grupos nacionales hispanos llegan aquí sabiendo en su mayoría quiénes son, esto es, conociendo su origen, cultura y metas, su identidad propia, no obstante, se pone aún en peligro. Primero, la estabilidad cultural de estos pueblos se halla mezclada de forma natural con cierta debilidad cultural, como la estabilidad cultural de los demás grupos. Segundo, como inmigrantes padecen la falta de estabilidad normal y las presiones de todos los que viven en un país extranjero. La estabilidad e inestabilidad de los miembros individuales de los grupos inmigrantes procede de su propio origen, su personalidad, educación, talento, etc. Algunos, como muchos de la primera gran oleada de refugiados cubanos hace veinte años, se hallan más favorecidos al principio. Otros, como muchos dominicanos, tienen el don de un impulso cultural para establecerse. Finalmente otros, como los trabajadores del México actual y muchos inmigrantes indocumentados, están obligados a vivir como colonos explotados del siglo XIX en la América del siglo XX. Para su propio progreso en su nuevo país, las personas de todos estos grupos étnicos, en conjunto, necesitan mantener el apoyo de su patrimonio cultural y recibir la aceptación del resto de la sociedad.

Como mínimo, la posesión segura de su identidad étnica y el respeto de ésta por parte del resto de la sociedad, pueden por lo menos ayudar a estos pueblos hispanos. Por el contrario, a menos que se confirmen la posesión de identidad y el respeto de ella, estos pueblos no pueden participar en la vida americana sin auténtico daño para las mismas personas y, por último, para los demás.

El problema de la identidad de los hispanos se hace más difícil en el nordeste de los Estados Unidos. En Puerto Rico, la República Dominicana, o cualquiera que sea el lugar de origen, los hispanos tienen la identidad étnica hispana correspondiente, es decir, son puertorriqueños, dominicanos, cubanos, etc. Aunque todos los grupos étnicos hispanos comparten entre sí el mismo idioma y algo de su historia, tradiciones y cultura, los hispanos no tienen necesidad ni deseo de considerarse a sí mismos como si poseyeran en la práctica una identidad única. No obstante, en el nordeste de los Estados Unidos, el gobierno y el resto de la sociedad les considera así, en conjunto, en la mayor parte de sus relaciones con ellos y en su actitud a los puertorriqueños, dominicanos, cubanos y a todos los demás se les denomina hispanos primero y se considera después su origen nacional particular.

Una identidad "hispana" presenta, por lo tanto, una complicación doble: primero, para los mismos hispanos; segundo, para el resto de la población. Algunas diferencias culturales, junto con otras diferencias, son enormes entre los diversos grupos hispanos. Dada la diversidad, ¿cómo van a comprenderles adecuadamente las personas que no son hispanas y las instituciones, particularmente los que desean facilitar el progreso de los hispanos?

Ninguna descripción breve de las características de los hispanos, ni conjunto de datos combinados proporcionan una explicación clara de lo que es la comunidad hispana pluralista. En el nordeste, la labor aumenta cada día. Los puertorriqueños pueden ser el grupo más grande de hispanos en el nordeste, pero otros están presentes en grandes cantidades y en proporciones que cambian constantemente. Ejemplos de estos son la llegada más reciente de exiliados cubanos, la llegada anual al nordeste de 80,000 dominicanos y la presencia creciente de fugitivos de la agitación política de América Latina. Todo esto confunde a los que quizás crean que han hallado la clave de la comprensión de los hispanos.

Está claro que se requieren asociaciones, entidades e instrumentos para reforzar y forjar la identidad y unidad hispanas. Existen algunas en el nordeste pero en mayor parte disponen de pocos recursos y se utilizan insatisfactoriamente.

El interés de los sistemas de educación por la identidad cultural es de un valor desigual. Los programas bilingües y pretendidamente biculturales de las escuelas, parecen estar orientados prácticamente sólo para ayudar a la enseñanza en inglés y al proceso de americanización. Intentan impedir que los alumnos que no hablan inglés se queden atrás. Estos objetivos son de por sí dignos de elogio, pero tienen poco que ver con la dignidad y la identidad étnica. Quizás, si en los objetivos de estos programas se incluyeran el estudio de la lengua española y la literatura y cultura hispánicas, lograrían hacer mucho más bien a las personas.[24]

Las publicaciones en español, así como la radio y la televisión igualmente en español ejercen gran influencia entre los hispanos. Desgraciadamente, en el nordeste, los medios de comunicación en español no ayudan a mejorar el nivel de la cultura hispánica. Hay algunas excepciones, incluso en algunos programas de televisión. No obstante, *El Diario* y las emisoras de radio y televisión son empresas comerciales. Dependen del nivel cultural real del público para su supervivencia, y no del nivel deseado. Teniendo en cuenta el nivel de educación de los sectores de la población hispana del nordeste que necesita más apoyo para mantener su identidad y unidad, y, dada su capacidad de leer y escribir, el mundo de la literatura y del arte español y latinoamericano está mayormente cerrado.

Otros símbolos y recursos de la identidad y unidad hispanas como el Desfile del Día de Puerto Rico de Nueva York y otras cosas semejantes a éste en otras partes son apreciables, aún cuando se limitan a unos adornos externos. Los acontecimientos tales como las proclamaciones nacionales de semanas de cultura hispánica deben llegar a ser más conocidos y puestos mejor en práctica para que sean eficaces. Los círculos sociales y otras pequeñas asociaciones de voluntarios proliferan en los barrios hispanos. Constituyen grupos de mantenimiento de la identidad iniciados por sí mismos dentro de las comunidades hispanas. Desgraciadamente, tienden a estar organizados deficientemente y a tener objetivos únicamente recreativos.

La rapidez del aumento de la inmigración hispana al nordeste y la naturaleza diversa de los grupos étnicos que la componen necesitan estructuras destinadas al mantenimiento de la identidad y a la aceptación, estructuras que las comunidades hispanas no pueden crear por sí mismas con la suficiente rapidez. El gobierno y otras organizaciones aparentemente no están dispuestos a satisfacer esta necesidad o no encuentran solución al problema, siendo capaces de hacer algo sólo de forma mínima. En la parte siguiente de esta ponencia se indican algunos compromisos de la religión y de la Iglesia con los hispanos. Sin embargo, a estas alturas, se hace la sugerencia de que la Iglesia puede ser un factor crucial en lo que respecta a la respuesta que se dé a las peticiones del mantenimiento de la identidad. Las culturas hispánicas son en su mayor parte católicas. Este aspecto de las pertenencias étnicas tienen el mismo nombre en San Juan, La Habana, Santo Domingo, Nueva York, Washington y Boston.

Notas de la Primera Parte

1 Sobre estos datos estadísticos y detalles de los mismos, véanse las diversas publicaciones pertinentes de la Oficina del Censo de los Estados Unidos.

2 En las declaraciones de los comisionados del Servicio de Naturalización e Inmigración de los Estados Unidos de los años 70 se utilizan cifras altas. (Véanse varios artículos del *New York Times* de ese período). Las cifras se ponen ampliamente en duda. La revista *Time* (16 de octubre de 1978, p. 48) en un artículo titulado "It's Your Turn in the Sun", dijo que la cifra de 7,400,000 era "un cálculo moderado". Douglas Martínez "Hispanics in 1979: A Statistical Appraisal", *Agenda* 9 (1979) 11, dice que "se calcula de forma moderada que los extranjeros indocumentados son entre tres y cinco millones de personas, la mayoría de ellos hispanos".

3 Véanse los cuadros 1 y 2.

4 Los datos preliminares del censo de 1980 indican que el estado de Nueva York tiene 1,700,000 de los 14.600.000 hispanos de la nación y el de Nueva Jersey casi medio millón. En porcentajes, el estado de Nueva York tiene el 11.6% y el de Nueva Jersey el 3.4% de la población hispana del país. La ciudad de Nueva York provisionalmente tiene 1.405,957 de hispanos o el 9.6% del total de hispanos de la nación. Véase el cuadro 3 para una distribución geográfica de los hispanos en el nordeste, según los cálculos de 1976 de la población. *Time* (art. cit.) calculó que la clasificación étnica de los hispanos en la ciudad de Nueva York y su zona suburbana comprende 1.300.000 puertorriqueños; 400,000 dominicanos; 220,000 cubanos; 200,000 colombianos; 170,000 ecuatorianos y 150,000 peruanos. Informó que "se calculaba que la mitad de todos estos fueran residentes legales".

5 Los Estados Unidos tienen población indígena mexicoamericana, así como sus ciudadanos de la isla de Puerto Rico. Además, hay inmigrantes de todos los demás países hispanoparlantes en los Estados Unidos (y en el nordeste). Después de la misma España, estos países son: México, Cuba, la República Dominicana, Guatemala, Honduras, El Salvador, Nicaragua, Costa Rica, Panamá, Venezuela, Colombia, Ecuador, Perú, Bolivia, Chile, Paraguay, Uruguay y Argentina. Cada una de estas naciones se vanagloria de su propia cultura y sus subculturas dentro de ésta. La descripción que pretende darse en este informe es la del hispano del Hemisferio Occidental. Evidentemente, la variedad de los que constituyen esa "persona hispana".

6 "The Hispanic Population in the U.S. and Implications for United Ways", United Way of America (Alexandría, Virginia, diciembre de 1979) p. 6.

7 Véanse los cuadros 4 y 5.

8 Kal Wagenheim, "The Latest Census Survey of Hispanics in the United States", Metas 1 (1979) 77.

9 *Ibid.*

10 *Ibid.*

11 Cf., "Place of Birth and Language Characteristics of Persons of Hispanic Origin in the United States. Spring, 1976". National Center for Education Statistics, 1978.

12 Además de las citas en la nota 13 anterior, véase, Elaine S., LeVine y Amado M. Padilla. *Crossing Cultures in Theraphy*: Pluralistic Counseling for the Hispanics (19), 20-24, para la comprensión y aclaración de esto y mucho de lo que sigue.

13 Frank Ponce presentó un resumen admirable de la realidad de la cultura hispánica en su charla ante la Conferencia Nacional de los Obispos Católicos en Chicago, Illinois, al final de abril de 1980. Dicha charla ha sido publicada por el Centro de

Pastoral Hispana para el Nordeste. *Véase los Católicos Hispanos en los Estados Unidos/Hispanic Catholic in the United States* (Nueva York: Comité Regional de Pastoral Hispana para el Nordeste, sin fecha) 20-30, 56-60. Antonio Stevens Arroyo y Virgilio Elizondo muestran las diferencias entre los elementos culturales de los Estados Unidos y de América Latina en *Liberty and Justice for All: A Discussion Guide* (Washington, D.C., NCCB Comité para el Bicentenario, 1975) 37-41. Aunque habla de extremos, y quizás, con negatividad implícita hacia la cultura de los Estados Unidos, tiene valor al intentar resumir las actitudes diversas. Se copia aquí, tal y como se encuentra en Antonio Stevens Arroyo, *"Prophets Denied Honor: An Anthology, on the Hispano Church of the United States"* (Maryknoll, Nueva York: Orbis, 1980) 9.

Estados Unidos	América Latina
Sociedad basada en los derechos individuales. Identificación por la profesión.	La familia, unidad básica de la sociedad. Identificación por los apellidos (tanto el del padre como el de la madre). Lugar de origen importante.
La acumulación de riquezas significa poder sobre los acontecimientos.	La sabiduría, expresión de la verdad, asegura la fama.
Los que no producen son una carga para la sociedad.	Los ancianos son sabios. Merecen el título de "don".
El comercio es el camino del éxito, Horatio Alger tiene éxito por su "arranque", su agresividad.	La producción de la tierra es la ocupación ideal. El éxito depende de la "armonía" entre las personas y la naturaleza.
La competencia es el origen del crecimiento y de la expansión.	La armonía depende de las contribuciones generosas al bien común, cada cual según le corresponda.
Sociedad igualitaria. Separación de la Iglesia y el Estado. La vida se divide entre lo sagrado y lo profano.	Estado jerárquico o corporativo. Concepto sagrado de la sociedad y obligación hacia el prójimo.
El trabajo y la actividad constituyen un fin en sí mismos. La riqueza es una manifestación de la gracia de Dios. El arte y el estilo propio son vanos y presuntivos.	El trabajo es una cualidad necesaria de la existencia humana, un castigo a causa del pecado. El ocio, no obstante, es la libertad de ser espiritual y contemplativo.
Las emociones han de suprimirse. Disfrutar en esta vida es una cosa frívola y pecaminosa.	El sentimiento confiere dignidad. La sensibilidad con respecto a la vida impone celebraciones de alegría y pena.

[14] Véase el cuadro 6.

[15] Peter Sissons: *The Hispanic Experience of Criminal Justice: Monograph Number Three, Hispanic Research Center* (New York: Fordham University, 1979) 61.

[16] *Ibid.* 30

[17] *Ibid.* 30.

[18] Todo lo que se afirma a continuación está complementado en el estudio de Sisson, así como de forma diversa en otras partes. Puede objetarse que se destina un espacio desproporcionado a esta parte de la presentación. Más bien, como se ha afirmado al principio de este informe, esto es un ejemplo de la descripción necesaria que se ha de presentar si se quiere comprender aunque sea superficialmente,

la influencia que la cultura ejerce sobre las costumbres. Puesto que exponer las diversas ramificaciones de los factores culturales en distintas circunstancias sobrepasa las limitaciones de espacio de este informe, se ha elegido esta muestra con cierto grado de arbitrariedad.

[19] En una publicación reciente: "A Study of Hispanic Opinions and Preferences: A Preliminary Report" (Nueva York: Hispanic Opinion and Preference Research, Inc., abril de 1981), se afirma que la mayoría de los hispanos que tomaron parte en la encuesta (hispanos con teléfono) participaban en la política local.

[20] Los datos correspondientes a estos problemas (vivienda, empleo, etc.) no se han repetido en este informe ni se han comentado. Se supone que el horror de la situación local se conoce bien y se puede demostrar con facilidad tal horror.

[21] Para una noción más completa sobre lo que se quiere decir aquí con la palabra "identidad", véase Arroyo, op. cit. anteriormente, n. 16, pássim. En particular véanse la diversidad de referencias señaladas en esa palabra en el índice. Este libro puede servir igualmente para obtener una opinión sobre las afirmaciones presentadas aquí.

[22] *Origins* 10 (1981) 481, 483-489.

[23] Véase Virgilio Elizondo "The Catechumen in the Hispanic Community in the United States", 51-55, para una descripción de las dificultades de los mexicoamericanos en el mantenimiento y la práctica de su fe.

[24] Las publicaciones sobre esto son abundantes. Véase recientemente, Ramón Santiago y Rosa Castro Feinberg, "The Status of Education for Hispanics", *Educational Leadership* (1981) 292-297, con bibliografía.

CUADRO 1

Población de Origen Hispano, Según el Tipo de Origen

(en miles)

Tipo de origen	1970	1978	% en 1978
Total de los Estados Unidos	11,117	12,046	100.0
Mexicanos	4,532	7,151	59.4
Puertorriqueños	1,429	1,823	15.1
Cubanos	545	690	5.6
De América Central y del Sur	1,508[N]	863	7.2
Otro origen hispano	1,057	1,519	12.6

N. Esta cifra es mayor que la de 1978 a causa de un cambio en el procedimiento del cómputo.

(Fuente: Oficina del Censo de los Estados Unidos, *Current Population Reports,* Population Characteristics, 1976, 1978).

CUADRO 2

Población Hispana como Porcentaje de la Población Total de los Estados de EE.UU. con Mayores Porcentajes de esta Población

Estado	Porcentaje de hispanos, 1978	Comentarios
Nuevo México	36.4%	Predominantemente de origen mexicano
Texas	20.8	Predominantemente de origen mexicano
California	15.9	Predominantemente de origen mexicano
Arizona	15.3	Predominantemente de origen mexicano
Colorado	11.0	Predominantemente de origen mexicano
Nueva York	8.1	Predominantemente de origen puertorriqueño. El 96.6% vive en las zonas metropolitanas.
Florida	7.9	Predominantemente de origen cubano. El 99.4% vive en las zonas metropolitanas.
Nevada	5.8	Predominantemente de origen mexicano
Nueva Jersey	5.3	Principalmente de origen puertorriqueño. El 89.9% vive en las zonas metropolitanas.
Illinois	3.7	De origen mixto. El 98.1% vive en las zonas metropolitanas.

(Fuente: Oficina del Censo de los Estados Unidos. *Demographic, Social and Economic Profile of States.* Primavera 1976, Cuadros 1 y 12, P-20 Series, N.334 1979).

CUADRO 3

Distribución Geográfica de los Hispanos en el Nordeste, No se Incluyen los Inmigrantes Indocumentados

(Cálculos de 1976, en miles)

Nueva York	1,700	Washington, D.C.	13
Nueva Jersey	385	Delaware	8
Pennsylvania	125	Rhode Island	8
Massachusetts	89	Virginia Occidental	6
Connecticut	81	Maine	4
Virginia	56	Vermont	3
Maryland	31	Nueva Hampshire	3

(Fuente: "Cálculos del Gobierno Federal. Citados por: *Time,* 16 de octubre de 1978) 51.

CUADRO 4

Promedio de Ingreso de los Varones e Indices Diferenciales de Ingresos en los Estados Unidos, Según la Raza y el Grupo Etnico, 1975, 1977.

Región	Blancos	Negros	1975 N/B	Hispanos	H/W
Estados Unidos	$ 9,300	5,560	59.8	$6,777	72.9
Nordeste	9,755	7,181	73.6	7,023	72.0
Norte Central	9,672	7,408	76.5	7,803	80.6
Sur	8,546	4,737	55.4	6,118	71.5
Oeste	9,587	7,110	74.2	6,997	72.9

Región	Blancos	Negros	1977 N/B	Hispanos	H/W
Estados Unidos	$10,603	$6,292	59.3	$7,797	73.5
Nordeste	10,809	7,201	66.6	7,679	71.0
Norte Central	11,046	8,046	83.1	10,219	92.5
Sur	9,941	5,673	57.0	6,951	69.9
Oeste	10,929	6,764	61.8	8,207	75.0

(Fuente: Oficina del Censo de los Estados Unidos. "Current Population Reports", Series P-60, N.107, "Money Income and Poverty/Status of Families and Persons in the United States; 1971").

Ingresos Familiares, 1978, Según el Grupo Etnico y el Porcentaje de Desempleo. Tercer Trimestre - 1979

	Estados Unidos	Negros	Hispanos	Cubanos	Chicanos	Puerto- rriqueños
Promedio de ingresos familiares	17,640	10,879		15,326	12,835	8,282
Porcentaje de familias con ingresos inferiores a los de la situación de pobreza	9.3%		21.4%	15.0%	18.9%	38.9%
Porcentaje de familias con ingresos inferiores a $4,000	6.3%		10.4%	8.9%	9.1%	16.1%
Porcentaje de familias con ingresos superiores a $25,000	22.4%		9.7%	15.9%	8.9%	6.3%
Porcentaje de desempleo. Tercer Trimestre	5.8%	10.8%	8.2 %	7.6%	7.9%	11.5%

(Fuente: Oficina del Censo de los Estados Unidos y Ministerio de Trabajo).

Abortos Efectuados a *Residentes* en la Ciudad de Nueva York, Desde el 1ro. de Julio de 1970. Número, Porcentaje y Cambio Anual del Porcentaje Según los Grupos Étnicos

	GRUPO ÉTNICO	Julio 1970 a Dic. 1970	1971	1972	1973	1974	1975	1976	1977
NUMERO	Blanco	9,644	19,508	30,104	30,526	32,132	28,432	29,352	31,276
	No Blanco	7,909	30,033	33,740	39,183	41,751	41,256	42,250	42,589
	Puertorriqueño	1,796	7,491	6,993	11,491	12,015	11,738	12,050	12,811
	TOTAL	19,349	67,032	70,837	81,200	85,898	81,426	83,652	86,676
PORCEN-	Blanco	49.8	44.0	42.5	37.6	37.4	34.9	35.1	36.1
TAJE DEL	No Blanco	40.9	44.8	47.6	48.2	48.6	50.7	50.5	49.1
TOTAL	Puertorriqueño	9.3	11.2	9.9	14.2	14.0	14.4	14.4	14.8
	TOTAL	100.0	100.0	100.0	100.0	100.0	100.0	100.0	100.0

Nacimientos de niños vivos en la ciudad de Nueva York, según el grupo étnico 1971-1977

	1971	1972	1973	1974	1975	1976	1977	
Blanco	71,561	63,642	60,129	59,180	56,587	57,595	56,943	— 20%
No Blanco	39,349	36,273	35,475	36,944	38,975	39,187	41,008	
Puertorriqueño	21,010	17,173	15,035	14,518	13,856	13,213	12,535	— 37%
TOTAL	131,920	117,088	110,639	110,642	109,418	109,995	110,486	

(Fuente: Departamento de Salud Pública de la Ciudad de Nueva York, 125 Worth St, N.Y.C. 10013).

La Religión, la Iglesia y la Comunidad Hispana

Esta segunda parte de la ponencia examina aspectos de la religión y de la Iglesia del nordeste relacionados con los hispanos.

Lamentablemente, no existe una recopilación de datos exactos sobre la mayor parte de lo tratado. Por lo tanto, lo que se presenta a veces se deduce más de la experiencia común que de la información concreta[1]. Su validez, en este caso, puede compararse con la de otras experiencias.

El estudio comienza con un pequeño esquema de la devoción católica hispana y algunos factores relacionados con ella en las formas dominantes adoptadas por la Iglesia Católica del nordeste de los Estados Unidos. A continuación, se observa el ejercicio pastoral de la Iglesia en la región, según afecta a los hispanos. Primero se trata de las personas que se ocupan del apostolado y luego de las instituciones mediante las cuales se atiende a los hispanos. A continuación se dedica algún espacio a un problema fundamental para la Iglesia del nordeste: la pluralidad en la cultura y la religiosidad. Por último, se echa una ojeada al futuro.

A. El Catolicismo Hispano y la Iglesia del Nordeste

Más del 80% de los hispanos de los Estados Unidos se han considerado o se consideran católicos. La tradición católica forma parte de su patrimonio cultural. Un estudio de Gallup, en 1978, mostró bastante claro que esta tradición se mantiene sólidamente entre los hispanos de los Estados Unidos.

El catolicismo y la religiosidad entre los hispanos del nordeste son culturalmente diferentes al catolicismo y la religiosidad de los grupos étnicos que han dado forma y estructura a la Iglesia del nordeste y cuya perspectiva domina las instituciones de ésta. Una descripción detallada de todas las diferencias requeriría tratar separadamente a cada grupo nacional hispano y exigiría igualmente un análisis de las muchas variaciones que existen dentro de la Iglesia del nordeste misma, aparte de la realidad hispana. En un corto espacio uno ha de limitarse a ofrecer sólo unas observaciones generales en un intento de exponer lo que es auténtico en general.

El catolicismo de América Latina en su mayor parte no solamente es distinto culturalmente al catolicismo de los Estados Unidos, sino que es igualmente distinto al catolicismo europeo, en el que se originan ambos.

Los españoles llegaron al Nuevo Mundo en los siglos XVI y XVII y lo conquistaron. A diferencia de la mayoría de los conquistadores de lo que es hoy Estados Unidos predicaron el evangelio a los nativos americanos que sobrevivieron a las invasiones y se unieron por matrimonio con ellos. (Los indios, sin emabrgo, no siempre se convirtieron sin que, hasta cierto punto, se usara la fuerza). En los años que siguieron, se produjo la importación de esclavos africanos, quienes a su vez, con el tiempo, adoptaron la religión del nuevo país e igualmente se unieron por matrimonio con el resto de la población.

Hasta los movimientos de independencia del siglo pasado, los obispos y el clero de los países hispánicos procedían casi de forma general de España. Aunque nativos, eran relativamente de puro linaje español, personas de la clase alta. En la mayor parte de los países, la independencia de España significó una importante reducción del clero, una condición que persiste hoy. Aunque el clero es responsable de los sacramentos, la vida religiosa cotidiana es algo que no depende de su participación.

Las tradiciones culturales raramente desaparecen. Persisten con firmeza incluso en nuevas formas. El resultado en la mayor parte de América Latina es un catolicismo popular, una religión del pueblo que, aunque genuinamente católica, recurre sumamente a las tradiciones culturales indias y, especialmente en el Caribe, a las negras, así como a las españolas. Es sacramental, orientada hacia los sacerdotes en las funciones esenciales del culto, pero al mismo tiempo tiene una vida popular propia.

Los latinoamericanos son, como pueblo, personas de fe profunda con un catolicismo que impregna su modo de pensar, su modo de vida, su familia y sus asuntos cívicos, las celebraciones del año, en resumen, cada aspecto de la existencia. Es un catolicismo que lo ha mantenido y lo mantiene en su mayor parte el pueblo. Puede verse públicamente en los grandes acontecimientos familiares, como el bautismo y la muerte y en la celebración de las fiestas de la comunidad. La "práctica" de esta fe católica puede observarse en virtualmente todos los hogares, pero, bastante a menudo, con actos devotos, formas externas y una interpretación que los católicos norteamericanos o europeos se sentirían inclinados a denominar sincréticos o supersticiosos.

Es un catolicismo de relaciones personales. Dios es para muchos "Papá Dios", no simplemente "Dios Padre". Los santos, sobre todo la Santísima Virgen, son reales para los latinoamericanos. Participan en la vida cotidiana de las personas y de la sociedad. La Virgen María es para virtualmente todos los hispanos una madre auténticamente presente y activa, una protectora cuyo abrazo se siente físicamente, aun siendo conocida como la Madre de Dios de espléndida grandeza y belleza. Sinceramente, no hay palabras que puedan expresar la importancia de su papel en el catolismo hispano. Las imágenes de la Virgen María y de los santos se hallan por todas partes. Se trata a estas imágenes casi como a personas que están aún vivas en este mundo. No es un catolicismo vivido necesariamente a base de la asistencia periódica a misa ni de la relación con las instituciones de la Iglesia.[2]

Este resumen del catolicismo hispano ha de ser complementado con un detalle negativo desde el punto de vista de la pureza del contenido de la fe. Las tradiciones indias y africanas de los hispanos del nordeste han dado origen a subreligiones sincréticas. En el nordeste de los Estados Unidos las dos formas más comunes de estas subreligiones son dos con raíces africanas: el espiritismo entre los puertorriqueños y la santería entre los cubanos. Especialmente entre los que no han adquirido educación y entre los pobres, estos dos cultos ejercen un gran poder. El alcance de la influencia que poseen se muestra incluso ante los observadores eventuales mediante la gran cantidad de botánicas existentes en las zonas hispanas. (Las botánicas son tiendas que venden hierbas y otras materias utilizadas en los cultos y también suelen ser lugares para ver a los dirigentes de los cultos y a los expertos). La mayoría de las personas que creen mucho en estas cosas se consideran aún católicas. (En la religión popular de hecho es difícil saber en dónde terminan la ortodoxia y la ortopraxis y en donde empieza la heterodoxia y la heteropraxis. Las tendencias pasadas por parte de la jerarquía de la Iglesia y de los eruditos en teología han consistido en condenar casi todas las manifestaciones de religiosidad popular no aprobada explícitamente por la autoridad eclesiástica. Desechar tan severamente las prácticas de fe del pueblo es discutible).

En conjunto, la Iglesia Católica del nordeste no está a tono con la fe de la familia hispana, con sus devociones evidentes, a menudo mundanas, sus muestras de creencias sincréticas ocasionales y, no obstante, prácticas sacramentales esporádicas. Los recién llegados, por su parte, no reciben una orientación en relación con las esperanzas de la Iglesia que hallan en el nordeste.

La historia ha dado a la Iglesia Católica de la regiónn ciertas formas específicas. Abundan muchas versiones culturales y étnicas de la devoción católica. Los italianos, polacos, alemanes, franceses y otros dan todos testimonio de su presencia particular. Los inmigrantes irlandeses y sus descendientes americanizados han dominado y ejercido su autoridad sobre la mayor parte de la Iglesia del nordeste durante más de un siglo. Caricaturizando, lo que ha surgido es una Iglesia que aparece ante el público como una serie de organizaciones dirigidas de forma clerical y que presenta una vida sacramental reglamentada, con la noción de la asistencia regular a la Iglesia como una prueba de pertenencia católica. Una Iglesia que se juzga a sí misma mediante la práctica sacramental, presenta los edificios de la parroquia como sus centros y organiza su vida mediante un clero amplio e indispensable. Cuando se la compara con el catolicismo latinoamericano resulta formalmente institucional.

La fe de los que han constituido y constituyen la mayoría de la Iglesia del nordeste no se pone en tela de juicio. Se da por sentado que es una fe tan auténtica como la de los hispanos. Pero, sus manifestaciones y su intensidad son diferentes.

B. La Iglesia del Nordeste y su interés Pastoral en la Práctica por los Hispanos.

1. *Las Personas que Participan en el Apostolado*:

La Iglesia se compone de personas. Sus instituciones las determinan las personas y éstas llevan a cabo sus actividades. Este estudio elige primero examinar las prácticas pastorales de la Iglesia del nordeste con respecto a los hispanos observando a los que lo llevan a cabo en nombre de toda la Iglesia. Estas personas son el clero, su personal religioso y laico. Al mismo tiempo se indican algunos de los múltiples factores históricos y demás que deciden lo que este clero hace y tienen una influencia sobre ello.

Dentro del clero, los obispos son los primeros. Su tarea es múltiple. Como encargados de establecer los planes de la Iglesia y administradores, los obispos ordinarios tienen la responsabilidad primordial del apostolado en conjunto. Por encima de los demás, ellos, en su misma persona, son símbolos de lo que es la Iglesia. Es muy positivo el hecho de que muchos de ellos hayan demostrado de palabra y mediante actos visibles un agudo conocimiento de la presencia hispana en sus diócesis. Varios en el nordeste poseen la capacidad de expresarse públicamente en lengua española. El Obispo Garmendia, auxiliar de Nueva York, y el Obispo Valero, auxiliar de Brooklyn, son además hispanos. Tales puntos de identificación explícita con una comunidad étnica son valiosos. Automáticamente, muestran interés en el seno de las altas jerarquías de la Iglesia por la comunidad hispana. Naturalmente, los católicos hispanos del nordeste apreciarían la elección de más obispos que compartieran su patrimonio cultural y se ocuparan de que se designaran ordinarios entre ellos. La escasez de sacerdotes de origen puertorriqueño, cubano, dominicano u otro tipo de origen hispano en la región en la actualidad, desgraciadamente, hace que el cumplimiento de estos deseos en un futuro próximo sea una posibilidad mínima. Uno espera que los ordinarios sigan compensando esta triste realidad continuando aumentando sus otras muestras de auténtico interés, las mencionadas en este párrafo y otras.

Los sacerdotes representan a toda la Iglesia diocesana en una localidad. Si no son hispanos, su actitud y práctica pastoral con relación a los hispanos se interpretan como la actitud y práctica del resto de la Iglesia.

Anteriormente los inmigrantes que no eran de habla inglesa, generalmente traían con ellos su propio clero. En donde no lo hicieron, en varias ocasiones, los obispos diocesanos de la región hicieron lo necesario para que vinieran sacerdotes del mismo país de aquellos. Con la ayuda de los obispos locales, estas comunidades de inmigrantes establecieron sus propias parroquias e instituciones. Conservaron su propia cultura, tradiciones y lengua todo el tiempo necesario. Los grupos étnicos de lengua inglesa regían las estructuras más importantes de la Iglesia, no obstante aún estimulaban a los otros grupos a organizarse como les pareciera que debían hacerlo. Las parroquias nacionales prosperaron en las ciudades del nordeste, a menudo a poca distancia unas de otras. Las comunidades alemanas, italianas, polacas, francesas, lituanas, incluso hispanas y otras también, se mantuvieron por sí mismas.

Al integrarse los recién llegados en la sociedad y cultura más amplias, sus parroquias nacionales, si continuaban existiendo como tales, aumentaron el uso del inglés hasta el punto de que en algunas de las parroquias más antiguas, ahora se oye raramente el idioma extranjero, si es que se le oye alguna vez, aunque a menudo se retienen algunos de los otros factores de la identidad étnica, como las costumbres devotas o manifestaciones decorativas.

En las generaciones posteriores, muchos que forman parte de esos grupos étnicos ya no esperan que la parroquia constituya un apoyo de su identidad étnica, ni que sea un lugar en donde se manifieste esa identidad. Aunque tomen parte aun en las actividades de la Iglesia Católica, se han mudado a nuevos lugares en donde aceptan las prácticas religiosas públicas y gustos de la cultura dominante, aunque de vez en cuando evoquen en sus recuerdos el deseo de lo que era suyo.

Otros, sin embargo, esperan todavía que sus parroquias sean un reflejo de su grupo étnico y que lo refuercen.

En conjunto, los inmigrantes hispanos al nordeste no han tenido ni tienen la misma experiencia. Excepto en el caso de España, los sacerdotes nativos son bastante raros en los países hispánicos. Aquí proporcionalmente son menos. De los sacerdotes hispanos del nordeste, aproximadamente cincuenta nacieron en los Estados Unidos o Puerto Rico. Alrededor de noventa sacerdotes procedentes de América Latina ejercen ahora su apostolado en la región. Con ellos se hallan cerca de 160 sacerdotes de España que tienen con la población hispana local un idioma común, así como parte de su cultura. Aproximadamente 400 sacerdotes americanos de lengua inglesa generosamente se han esforzado en aprender la lengua y cultura hispánicas y han llegado a dominarlas hasta cierto punto.[3]

Aunque existen estos sacerdotes que están a tono con las necesidades hispanas, ha de reconocerse que la inmensa mayoría de sacerdotes del nordeste no se siente a gusto, o no saben qué hacer en absoluto, ante la necesidad de atender de forma adecuada al catolicismo, la lengua y la cultura de los hispanos, es decir, a la comunidad hispana y a las personas hispanas.

A principios de este siglo, se fundaron algunas parroquias nacionales hispanas en Nueva York, Brooklyn, Filadelfia y quizás en otros lugares, atendidas fundamentalmente por sacerdotes de congregaciones religiosas procedentes de España. Estas parroquias siguen funcionando y ocupándose de los hispanos. No obstante, la mayoría de éstos se hallan en parroquias cuya fundación y tradiciones no son culturalmente suyas, como tampoco son de su cultura los sacerdotes que las atienden. Lo que está ocurriendo entre los hispanos en su entrada en masa en la Iglesia de la región no es lo mismo que lo que ocurrió con los anteriores grandes grupos de inmigrantes.

Surgen muchas más complicaciones con la disminución del número de sacerdotes con capacitación lingüística y cultural para ejercer una labor pastoral en las comunidades hispanas. En la década pasada ha habido una disminución constante.

Por las razones que sean, muchos sacerdotes de España y América Latina han regresado a su país. Otros han abandonado el sacerdocio. Pocos han venido a ocupar su puesto. La Iglesia del nordeste ha recibido y aún recibe un beneficio considerable de esos sacerdotes que han llegado aquí procedentes de otros países, ya sea por algún tiempo o permanentemente. Obviamente prestan un gran servicio al ofrecer su aportación para satisfacer las necesidades pastorales. Además les han pagado en otros lugares por su educación anterior a la ordenación y a menudo por sus diplomas superiores. Por lo común, incluso el costo del viaje aquí no lo hemos pagados nosotros. La disminución de su presencia es lamentable.

Es preciso mencionar aquí el problema que estos sacerdotes de otros lugares presentan con respecto al interés pastoral de los obispos de la zona. Si ha de prestarse atención a las quejas, hay problemas con referencia a la situación, el trato y la necesidad de una nueva capacitación de los sacerdotes de los países hispánicos. Además de los requisitos canónicos que sean necesarios para preparar su estancia aquí, uno se pregunta si no debiera existir igualmente un acuerdo concertado entre la diócesis que reciba al sacerdote por un período prolongado y la diócesis o comunidad que le permita venir. ¿Debería existir, junto con el acuerdo, un contrato específico con el mismo sacerdote? La regularización de la situación y la seguridad son necesidades humanas que los que ejercen una labor en el apostolado tienen derecho a ver satisfechas. Las diferencias en los beneficios (seguro de enfermedad, vacaciones, etc.) entre el clero adjunto o externo y el clero diocesano son otro asunto espinoso para muchos sacerdotes hispanos de otras partes. De hecho, muchos sacerdotes de otros países no dominan el inglés, y no están familiarizados con la cultura americana ni con las prácticas pastorales de la Iglesia Católica de la zona. Además, los sacerdotes de América del Sur es más que probable que no estén familiarizados con las culturas del Caribe, que son las culturas de la mayoría de los hispanos del nordeste. Los sacerdotes de España es casi seguro que tengan poca familiaridad con ellas. Por el bien de la Iglesia y el de ellos, esto es intolerable. La suposición más común parece ser que el sacerdote de otra parte pondrá remedio por sí mismo a estas deficiencias. En una Iglesia que insiste en una preparación esmerada en el seminario antes de ordenar a alguien y que cubre la mayor parte del costo institucionalmente, uno se pregunta si la capacitación del clero extranjero adjunto o externo para una labor pastoral adecuada no debería corresponder a las diócesis americanas en las que ellos ejercen su labor pastoral.[4]

El número decreciente del clero americano local bilingüe y bicultural que ejerce su labor pastoral entre los hispanos es igualmente un problema complejo. No se trata simplemente de que en el nordeste haya en conjunto menos sacerdotes que había hace varios años. Otros factores influyen enormemente. Por ejemplo, una consideración especial de las misiones extranjeras produjo sus efectos en la idea que sobre la labor pastoral entre los hispanos se hicieron los seminaristas y sacerdotes jóvenes en los años 60. Esta consideración especial con frecuencia creó en ellos cierto fervor y les atrajo. La realidad actual es simplemente que los seminaristas y sacerdotes jóvenes locales no muestran tanto entusiasmo ante este campo como muchos hicieron anteriormente. Algunos incluso preguntan, con relación a esto y a todo el problema, si el compromiso de la Iglesia del nordeste con los pobres es una prioridad que está demostrada de forma bastante clara y se aprecia suficientemente entre todos los que la comprenden.

Un elemento más perceptible en la comprensión del cuadro disminuido de los que llevan a cabo una labor pastoral entre los hispanos ha sido el fenómeno del "agotamiento", particularmente evidente en la experiencia de las secciones ruinosas de las ciudades grandes. Este fenómeno del "agotamiento" y sus peligros lógicos de desilusión entre el clero es diverso en sí mismo. La novedad para la Iglesia del nordeste del papel de la pastoral para los hispanos, junto con la falta de preparación para ese papel con frecuencia resultó en dejar sin ayuda a sacerdotes del apostolado hispano. La coordinación y dirección proporcionada por formas establecidas de funcionamiento en otros aspectos relacionados con el clero diocesano no existían para ellos. A veces, la falta de simpatía y comprensión por parte de algunas autoridades y algunos compañeros produjeron un mayor aislamiento de los sacerdotes que ejercían su labor pastoral con los hispanos. En resumen, los sistemas de apoyo eran deficientes. Las consecuencias nocivas pueden verse a través de las secciones ruinosas del centro de las grandes ciudades. Uno puede preguntarse si el tiempo ha mejorado esta situación.

Más dificultades para este clero (y para los obispos) han surgido debido a las exigencias económicas de las parroquias de esas partes ruinosas de las ciudades que ahora son fundamentalmente hispanas. Anteriormente, muchas de esas parroquias se hallaban entre las más sobresalientes, debido a sus medios de funcionamiento y a sus actividades. Al irse la población que las mantenía y al aumentar los costos, los sacerdotes deseosos y capaces de ejercer su labor pastoral entre los hispanos, frecuentemente se hallan ante el hecho de que sus mayores preocupaciones son los edificios y las cuentas. (No se puede negar que tales problemas conciernen a todas las parroquias y a las personas responsables. Las parroquias que se hallan aún completamente establecidas, sin embargo, generalmente tienen suficiente personal, voluntarios y recursos materiales y utilizan continuamente sus edificios. Todo esto hace que los problemsa sean por lo menos más soportables y menos contradictorios). Frente a las obligaciones administrativas, la capacidad física de una persona para atender directamente a la fe y necesidades de una comunidad hispana tiende a disminuir. Su propósito al elegir permanecer entre los pobres parece que queda comprometido. La Iglesia Católica de las zonas pobres del nordeste ha afirmado abiertamente ante todo el mundo que no abandonará institucionalmente a los pobres. Al conservar sus iglesias e instituciones en funcionamiento en las secciones ruinosas de las grandes ciudades, ha ejercido una influencia estabilizadora en los barrios pobres para los residentes que han permanecido durante los años de huída de la ciudad y para los recién llegados. Pero, cualquiera que sea el valor para la comunidad que tienen aún estos edificios, la responsabilidad de ellos recae sobre unas pocas personas del personal de los mismos.

El "agotamiento" es causa de que los sacerdotes que ejercen su obra pastoral entre hispanos busquen otro puesto o abandonen el ejercicio del ministerio. También ha podido constituir un aviso para los demás para que no se hagan cargo de ese puesto. No obstante, muchos han perdurado. Han fallado formas de superar las dificultades o han estimado que su compromiso con el pueblo al que dedican su actividad pastoral exige que continúen a pesar de lo que creen contradictorio. Algunos han llegado a identificarse tanto con las comunidades hispanas que abandonarlas sería prácticamente imposible. Sin embargo, los problemas de los sacerdotes americanos que llevan a cabo una labor pastoral con los hispanos también se plantean pastoralmente ante la Iglesia.

La nueva realidad de los diáconos permanentes merece consideración especial en relación con la comunidad hispana. En la actualidad, aproximadamente 220 hombres que se identifican como hispanos han sido ordenados diáconos en las diócesis del nordeste. Aproximadamente 130 más son aspirantes al diaconado.[5] Cada diócesis tiene sus propios requisitos para los candidatos, además de los de las leyes más extensas de la Iglesia, y cada una utiliza a los diáconos según cree que corresponde a sus necesidades.

Al restaurar el diaconado activo para el ministerio de la Iglesia, el Concilio Vaticano Segundo manifestó solamente que el ministerio de aquél era "la liturgia, la palabra y la caridad"[6], ocupándose igualmente de la asistencia en la celebración de varios sacramentos y de la labor de administración. Los obispos americanos dieron a conocer un conjunto de orientaciones en 1971 que en parte trataban de reforzar el esquema ambiguo de la declaración conciliar.[7] Pocos no estarán de acuerdo en que hay aún lugar en la práctica para una clarificación.

Surgen múltiples preguntas. Ante todo, está lo que todavía sigue planteándose diecisiete años después de la declaración de 1964 del Concilio: ¿Qué es exactamente un diácono en la práctica? Historiadores, teóricos de creencias diversas y personas interesadas en desempeñar algún papel dan respuestas diferentes. La referencia conciliar a la "liturgia, la palabra y la caridad" describe la misión de los obispos y sacerdotes y de todos los cristianos. La "administración" se asigna a los obispos, a muchos sacerdotes, religiosos y religiosas y a las personas seglares. Algunos responden que la ordenación diaconal ha de conferirse a una persona que ejerza de hecho el ministerio diaconal. Pero, entonces, dadas las leyes de la Iglesia, simplemente como ejemplo, ¿y las mujeres? ¿Es el diácono un sustituto de un sacerdote? ¿Es el diaconado un medio de obtener una representación étnica visible entre un clero no representativo desde el punto de vista étnico? ¿Es el diaconado un instrumento providencial para presentar un clero alternativo al sacerdocio?

Un problema que se presenta por todas partes con los nuevos diáconos permanentes es su situación contradictoria. Debido a la ordenación forman parte de la jerarquía. Para los demás clérigos (sacerdotes y obispos) y para sí mismos esto debiera significar que tiene voz como tal. No obstante, si, como muchos diáconos afirman, la colegialidad no existe, ¿todos actúan en el vacío? Quedan algunas preguntas: ¿Consideran los obispos y sacerdotes de las parroquias a los diáconos como ayudantes de sacerdotes? O los diáconos mismos ven su ministerio como uno de simple ayuda, según lo desea el "Padre"? Estas pueden ser preguntas generales sobre el diaconado. Se hacen más serias, no obstante, cuando se formulan con un acento étnico.[8]

La congregación de religiosos ocupa un lugar importante en la historia de las actividades pastorales de la Iglesia con los hispanos del nordeste. Las congregaciones de sacerdotes y hermanos de otros países que han desempeñado un papel importante y eficaz en los estados del nordeste comprenden los Agustinos, Asuncionistas, los Padres de la Congregación de San Vicente de Paúl y los Agustinos Recoletos. Los sacerdotes religiosos de otros países que han ejercido individualmente su labor pastoral en la región proceden de muchas otras órdenes religiosas. Las parroquias nacionales hispanas mencionadas anteriormente son obra de comunidades religiosas extranjeras. En varias diócesis éstas, o religiosos extranjeros que ejercen su labor pastoral individualmente, son el soporte principal del apostolado hispano. Las comunidades religiosas americanas, ya sea en parroquias de las que ellas se ocupan o con objeto de ayudar en algún otro lugar de las diversas diócesis, proporcionan sacerdotes para atender a la comunidad hispana. Los redentoristas, los jesuítas, varios grupos de franciscanos y prácticamente casi todas las otras comunidades americanas con sacerdotes, respondieron a la necesidad de participar en este apostolado. Si un día se escribiera una historia detallada del Apostolado con los hispanos, las abreviaturas de estas órdenes y congregaciones figurarían en cada página.

Aparte de mencionar que estas comunidades merecen el agradeci miento y reconocimiento de los católicos del nordeste, la observación principal del informe con respecto a esto es lo que lo dicho anteriormente sobre la situación, el tratamiento y capacitación de los sacerdotes de otros países que ejercen su labor pastoral en la zona debe aplicarse igualmente, en los casos en que sea pertinente, a los miembros de las comunidades religiosas de otros países.

Las hermanas y hermanos religiosos contribuyen enormemente a los esfuerzos pastorales de la Iglesia en la comunidad hispana. Aparte de sus actividades docentes en las escuelas, en donde estas actividades afectan a miles de niños hispanos y a sus familias, las hermanas en particular constituyen el soporte principal de la catequesis y la mayor parte del resto de la obra pastoral con los hispanos en el nordeste. Aunque no existen cifras exactas, los cientos de hermanas y hermanos de las diócesis de la región, que han asistido a los institutos de lengua española desde la mitad de la década de los cincuenta en Ponce, Cuernavaca, Santiago, Cochamba y Douglaston, ciertamente muestran el interés de los religiosos seculares y sus comunidades.

Más de 300 hermanas de España llevan a cabo su labor religiosa en la región. Aproximadamente 150 hermanas hispanas son de México, Puerto Rico y Colombia, y alrededor de 30 proceden de los Estados Unidos. Finalmente, aproximadamente 50 son de Cuba y otros países de América Latina. Se desconoce actualmente el número de hermanas no hispanas que actúan en el apostolado hispano. Los hermanos religiosos hispanos en la región son aproximadamente 20. El número total de hermanas en la región es de 52,110 y el de hermanos 2,921.[9] Por lo tanto, los hispanos constituyen sólo una pequeña parte de estos religiosos. No obstante, su eficacia con respecto a la población que atienden es muy significativa.

Tanto el liderazgo laico como el apostolado de los laicos en la comunidad hispana son extremadamente importantes en el nordeste. Sin personas laicas que desempeñen papeles activos no hay forma de que la Iglesia de la región pueda empezar a compensar la escasez de personal eclesiástico y religioso capaz de ejercer una labor pastoral eficaz entre los hispanos.

Este liderazgo está presente de forma significativa a nivel local en el funcionamiento de la Iglesia en casi todos los lugares. Literalmente, miles de hombres y mujeres del nordeste ayudan con entusiasmo en el crecimiento y la eficacia del Apostolado entre los hispanos. Ciertamente ha de reconocerse la labor de muchas personas y grupos en la motivación y aumento de esta participación de tantos, no obstante, el Movimiento de los Cursillos merece una mención especial. Durante sus veinticinco años de actividad ha proporcionado a un gran número de católicos hispanos de las diócesis de la región una experiencia personal positiva de la Iglesia y los ha impulsado a ser activos dentro de ella. Desgraciadamente, aunque el entusiasmo de estos dirigentes laicos es grande, los que desempeñan un papel pastoral inmediato con ellos están generalmente de acuerdo en que la mayoría de los dirigentes laicos hispanos necesitan seriamente mejor preparación y capacitación en doctrina religiosa y con respecto a los objetivos y a la práctica del apostolado.

Al considerar al liderazgo laico, debe tenerse en cuenta a las personas de la comunidad hispana que mantienen las tradiciones de la religiosidad popular y también a las que de forma sencilla dan testimonio de la Iglesia como una comunidad de personas cuidadosas. Un ejemplo primordial del primer grupo es la mujer "conocedora" del vecindario a quien acuden los parientes acongojados para que dirija los rosarios y oraciones durante nueve noches después del fallecimiento de un miembro de la familia.

Los múltiples cursillistas hispanos y otros de las parroquias de la región que visitan en privado a los enfermos o personas afligidas por otros motivos, como un apostolado llevan a cabo una gran labor. Evidentemente, este es siempre el caso, pero especialmente con los hispanos, dada la importancia cultural intensa que tienen para ellos las relaciones entre las personas y el interés de unos por otros.

Los empleados laicos de la Iglesia influyen en la fuerza y las deficiencias del catolicismo hispano del nordeste de dos maneras: primero, en lo que respecta a las personas empleadas por la Iglesia en diversos puestos que tratan con los hispanos. Segundo, en lo que se refiere a las instituciones y asociaciones de la Iglesia que emplean a los hispanos.

Por sus contactos con los hispanos, los empleados de la Iglesia que trabajan con el público tienen una importancia evidente. Quienesquiera que éstos sean, por ejemplo, amas de llaves de rectorías o secretarios, maestros de escuela o empleados que se ocupan de casos de rehabilitación y de caridad, los empleados que trabajan con el público son con frecuencia el punto de contacto más importante entre éste y las instituciones de la Iglesia. ¿Con qué frecuencia estos empleados ofrecen buena acogida y comprensión lingüística y cultural a los hispanos? Los empleados de la Iglesia con puestos ejecutivos y adminstrativos influyen tanto en los planes como en su puesta en práctica. ¿Hasta qué punto son aquéllos conscientes de la presencia numérica y proporcional de los hispanos como un grupo de la Iglesia en las diversas partes de la región? ¿Qué esfuerzos están haciendo esos empleados para adaptarse ellos mismos y adaptar sus perspectivas y la obra de su asociación a las necesidades de los hispanos?

Los hispanos están sin duda poco representados entre los diversos tipos de empleados de la Iglesia. Aparte de en puestos bajos, proporcionalmente se hallan pocos entre el personal de las instituciones y asociaciones de la Iglesia. Excusas válidas, como la relativa escasez de hispanos capacitados para ciertos puestos, en parte disculpan y explican la insuficiencia. No obstante, es bastante patente, incluso sin datos seguros, que algo semejante a un programa de acción afirmativa se impone para que muchas instituciones de la Iglesia eviten la apariencia de prejuicios étnicos.

2. Instituciones, Asociaciones y Organización

En la exposición que se ha hecho anteriormente se ha tratado de aclarar el esfuerzo pastoral de la Iglesia con relación a los hispanos del nordeste considerando a las personas que actúan en nombre de ésta. En lo que sigue se trata de ampliar esta aclaración analizando algunas de las entidades institucionales de la Iglesia y su relación con los hispanos.

Ante todo, desde el punto de vista pastoral, las instituciones de la Iglesia son las parroquias. Lo mucho que se ha dicho sobre ellas en esta ponencia implica que hay algunas que son muy eficaces y otras que no lo son, y la diferencia se debe al personal. Evidentemente, esta generalización puede hacerse con respecto a una parroquia de cualquier sitio. No obstante, el problema es más específico en este caso. En el caso general, la diferencia con respecto al personal puede deberse al fervor, santidad, personalidad o cualquier otra cosa similar. En este caso, a esto hay que añadir saber manifestar imparcialidad y franqueza ante los hispanos y las necesidades de éstos, así como tener la capacidad de comunicarse con ellos en su idioma. Las diócesis del nordeste han hecho esfuerzos para proporcionar un personal apto para las parroquias de las zonas con muchos hispanos. En todas las diócesis, no obstante, al menos en parroquias que son sólo parcialmente hispanas, el personal con frecuencia carece de algo de lo mencionado anteriormente: saber manifestar imparcialidad y franqueza y tener capacidad para comunicarse en el idioma de los hispanos. Incluso en los lugares en que se ha hecho un auténtico esfuerzo a base de fondos y personal en un intento de satisfacer las necesidades, como por ejemplo, en la diócesis de la ciudad de Nueva York durante casi tres décadas, esta carencia es aún ampliamente evidente. (El personal en cuestión comprende no sólo a los sacerdotes de las parroquias, sino a todo el personal administrativo y pastoral de éstas, ejemplo, hermanas y hermanos religiosos, profesores laicos, y personas que ejercen actividades pastorales, ayudantes de rectoría y cualquier otra persona. Existe un problema en la actualidad).

Podrían hacerse relatos con muchos detalles sobre parroquias de toda la región que han facilitado a los hispanos una participación activa y auténtica en la Iglesia. Se supone que los que lean este informe conocen esto. A los redactores de éste les encantaría recordarlos en lugar de destacar las dificultades, pero, desgraciadamente, ha de hacerse esto último. Sin embargo, la labor de innumerables sacerdotes de parroquias, religiosos y personas laicas durante estos años para satisfacer las necesidades merece el elogio de todos.

A juicio de los redactores de este informe, hay tres elementos de la vida parroquial que se distinguen en donde se llega a los hispanos y la participación de éstos es auténtica. Estos elementos son el culto, los esfuerzos de evangelización y los signos de comunidad.

Nadie que tenga una mínima experiencia pondrá en duda que una congregación hispana exige diferentes tipos de expresión en el culto a los que suelen verse en las celebraciones en inglés en la región. La utilización del idioma español no es lo único. (De hecho, con los hispanos, especialmente los jóvenes que se han criado en la zona y cuyo primer idioma es el inglés, el español quizás sea inapropiado). Más bien, un sinnúmero de otros elementos culturales se unen para constituir experiencias de culto apropiadas. Los que tienen la obligación de facilitar la vida litúrgica y piadosa de las comunidades hispanas deben estar preparados para permitir que estas formas culturales se desarrollen en su parroquia. Igualmente deben estar capacitados para apreciarlas y reconocerlas, si no tienen la preparación para contribuir a su progreso.

La inmensa mayoría de los hispanos del nordeste son pobres. Aunque forman parte de culturas impregnadas de la tradición de la fe católica, en general carecen terriblemente de la comprensión adecuada de la fe cristiana. La pobreza de los hispanos requiere una parroquia que se preocupe por ellos desde un punto de vista pastoral para llevar a cabo el apostolado de la justicia social y la obra tradicional de caridad que manda el Evangelio de manera intensa. En donde no se hace esto, la credibilidad de la Iglesia se compromete. En donde se hace, se abre el camino de la evangelización en sentido propio. Aumentar el conocimiento adecuado de la fe cristiana en la comunidad hispana es cosa difícil. Un conocimiento de esta necesidad por parte de los que tienen puestos pastorales y simpatía por los factores culturales que la han producido son los primeros pasos para solucionar el problema. Los esfuerzos de más éxito que se están llevando a cabo para resolverlo en las parroquias de la zona son los de los grupos de que se habla a continuación. Sin embargo, como estos grupos comprenden sólo una parte pequeña de cualquier parroquia afectada de la comunidad hispana, se exigen otros medios para llegar a realizar todo lo necesario. En diversas discusiones para la preparación de este informe se sugirió que la clave estaba quizás primero en el amor de los hispanos, ya asistieran a la Iglesia o no, a la Virgen María y segundo, en su deseo evidente, hoy, de descubrir la Biblia. Averiguar cómo puede convertirse esto en práctica religiosa requiere estudio y reflexión.

Los signos de comunidad que aparecen en una parroquia que se dirige a los hispanos y en la cual éstos participan comprenden todos los que son habituales en las parroquias del nordeste: la prestación de ayuda en los proyectos parroquiales, los bailes y fiestas, la pertenencia a sociedades de tipo tradicional puede que sean exclusivamente hispanas por lo menos por el momento y durante años venideros, debido al factor del idioma. Sin embargo, ordinariamente se aconseja enormemente la existencia en tales parroquias de algunas otras asociaciones, que se añadan a las anteriores y estén conectadas con diversos movimientos. Entre estos movimientos se destacan cuatro: el de los Cursillos y su complemento juvenil, la Jornada; el de Encuentros Matrimoniales, el de Renovación Carismática y el de las Comunidades de Base. Cada uno de estos cuatro ha dado pruebas de su eficacia entre los hispanos. Probablemente no existe ninguna parroquia del nordeste que haga participar con éxito a los hispanos que no haya sido afectada de forma positiva al menos por el primero de ellos, el de los Cursillos.

El papel de las estructuras diocesanas en el apostolado de la comunidad hispana es evidentemente múltiple y susceptible de una exposición larga. Podría llevar a un comentario extenso, no sólo a causa de la importancia y variedad del papel diocesano, sino a causa de la diversidad de las diócesis del nordeste, que varían desde la totalmente urbana y enormemente hispana a la rural y escasamente hispana, desde la de inmensa población con entidades institucionales grandes, a la pequeña con asociaciones de tamaño apropiado. Lo que sigue se refiere especialmente a los esfuerzos del apostolado hispano en esas diócesis y trata de estructuras tales como las de caridades y los sistemas escolares, sólo muy superficialmente. De forma general, se evitan las divergencias entre las diócesis.

El Obispo de una diócesis y su personal más inmediato establece los planes diocesanos dirigidos a los hispanos. Aunque la ejecución de un plan diocesano positivo para la comunidad hispana de la Iglesia puede en la práctica resultar algo difícil de garantizar, sin ese plan puede hacerse relativamente muy poco positivo, si se hace algo. En 1955, reconociendo el gran aumento de la población hispana en el nordeste, el Cardenal Spellman patrocinó una importante conferencia sobre el tema en San Juan, Puerto Rico. Casi todos los obispos de la región enviaron representantes. Desde entonces, muchos obispos del nordeste han manifestado de nuevo su interés. Un gran número de ellos se reunieron en Nueva York en 1977 para reflexionar durante tres días sobre la cuestión de la comunidad hispana.

Nueva York, Brooklyn y Newark tienen más de dos tercios de la población hispana de la región. Estas diócesis igualmente han sido las que más se han esmerado en intentar promover el apostolado. Sin embargo, otras veinticuatro diócesis han elaborado estructuras destinadas específicamente a ayudar en la obra pastoral con la comunión hispana. Esquemáticamente la situación es como sigue:

7 tienen vicarios episcopales para los hispanos;

4 vicarios episcopales son obispos auxiliares;

1 tiene un coordinador obispo auxiliar;

4 tienen directores responsables ante una asociación en lugar de directamente ante el ordinario;

19 tienen directores responsables directamente ante el ordinario con diversos grados de autoridad delegada;

5 diócesis tienen consejos hispanos diocesanos.

No obstante, a propósito de estas estructuras, el P. Kenneth Smith, ex-miembro del personal del Centro de Pastoral para los Hispanos del Nordeste, hizo la observación siguiente en un trabajo no publicado:

"Desgraciadamente, muchos de los directores, vicarios y coordinadores tienen muchas responsabilidades no relacionadas directamente con el apostolado y no pueden prestar una atención total a la elaboración de una planificación pastoral. En muchos casos se espera que el director sea un factótum en el apostolado. Esto es verdad en los casos de las diócesis que no tienen personal hispano en otros departamentos diocesanos."

Aparte del establecimiento de estructuras, los obispos han autorizado la utilización de los fondos necesarios en donde se haya capacitado al personal, ya sea en las escuelas diocesanas de idiomas e institutos pastorales o fuera del país. Igualmente, su aprobación ha sido necesaria para cualquier otro empeño con relación a los hispanos a una escala más amplia que la de una parroquia en particular o cualquier otra organización local de la Iglesia.

La iniciativa en todo esto la ha tomado la zona de la ciudad de Nueva York. Aunque está claro que las necesidades del apostolado hispano son mayores en ella y que esto explicaría por sí mismo un mayor intento de satisfacerlas, debiera igualmente reconocerse que los ordinarios de estas diócesis han insistido durante muchos años en la prioridad del apostolado hispano y en su ejercicio activo.

Los obispos tienen una función colegial que se extiende más allá de sus propios territorios. Una prueba de esto, desde el punto de vista regional, ha sido la fundación por ellos del Centro de Pastoral para los Hispanos del Nordeste hace cinco años y el mantenimiento de éste desde entonces. Nacionalmente, los obispos americanos adquirieron un papel importante en la lucha por la justicia de los braceros agrícolas de la nación mayormente hispanos. Igualmente, el episcopado católico constituye la fuerza mayor en la lucha por la protección de los extranjeros indocumentados y refugiados de este hemisferio. Es notable el papel de los obispos hace unos años en la difícil cuestión del Canal de Panamá y sus actividades actuales con relación a las consecuencias de la agitación en América Central son igualmente notables. Muchos obispos de la región se destacan como dirigentes nacionales y locales en estos esfuerzos que están tan directamente relacionados con la vida de tantos hispanos del nordeste. Son cosas que el episcopado en general puede legítimamente apoyar con orgullo en medio de la comunidad hispana. La Campaña de los Obispos para el Desarrollo Humano es otro ejemplo de su actividad colegial que ayuda a los hispanos del nordeste mediante las docenas de proyectos que se fundaron a consecuencia de la misma. A través del Consejo Americano de las Misiones Católicas, durante los últimos años los obispos han comenzado la financiación de programas de evangelización a lo largo del país dirigidos de forma considerable a la población hispana. Todo esto es enormemente positivo, como lo ha sido en general el papel de defensores de los pobres que han tenido los dirigentes de la Iglesia con respecto a la asistencia social, la vivienda y otras necesidades sociales.

Después de las parroquias y las oficinas de los obispos, la asociación que más afecta a los hispanos en la mayor parte de las diócesis es "Caridades Católicas". En algunas diócesis, Caridades ha hecho un esfuerzo auténtico por realizar una obra en favor de la comunidad hispana con la ayuda de la misma, así como por concentrar los programas en las zonas de más necesidad y tener un personal bilingüe.

Las oficinas de las escuelas católicas diocesanas y otras asociaciones que deben tener en cuenta a los hispanos, como los Tribunales Matrimoniales, están fuera del propósito de este informe. Igualmente se excluye la cuestión de los seminarios diocesanos, aunque tenga ésta una enorme importancia para la obra pastoral futura con los hispanos. (¿Preparan los seminarios a los no hispanos de forma adecuada para la obra que han de ejercer? Permiten los seminarios que los estudiantes hispanos se formen conservando su identidad hispana de manera que puedan formar parte verdaderamente de la comunidad a la que van a atender?).

Otros esfuerzos llevados a cabo por la Iglesia Católica dentro de las diócesis, como las viviendas patrocinadas por la Iglesia, los centros de servicio social dirigidos por religiosos, los programas de rehabilitación de narcómanos, las residencias de transición para ex-delincuentes y las guarderías infantiles también reciben mención, aunque sólo de pasada. Sin embargo, forman parte de la obra de la Iglesia con los hispanos.

En las observaciones anteriores sobre la vida de las parroquias, se destacó el movimiento de los Cursillos como algo que ha afectado prácticamente a todas las parroquias de la región que tienen un apostolado hispano llevado a cabo con relativo éxito. Todos esos movimientos son supraparroquiales ya sea por su naturaleza o su inspiración. Debido a su importancia, se ofrecen algunas notas sobre el movimiento de los Cursillos de Cristiandad. Importado de España hace aproximadamente veinticinco años, ha ido creciendo gradualmente desde su comienzo hasta llegar a ejercer una influencia en la comunidad hispana de toda la nación. Aunque en lugares como Los Angeles atrajo a la élite, generalmente ha llegado a establecerse en la base de las comunidades hispanas, sin tener en cuenta el grupo étnico. Su fuerza se hizo evidente cuando llegó a ser popular entre los americanos de habla inglesa también. Al inspirar militancia a los que forman parte de él, el movimiento de los Cursillos probablemente dio un auténtico impulso para hacer que muchas parroquias de esta región y de otras partes pudieran identificarse como hispanas. Muchos dicen sin vacilación que ha sido el punto de apoyo del apostolado hispano. Ha dado mucha credibilidad al catolicismo hispano en la región. No obstante, al mismo tiempo que uno podría concluir que por lo tanto merece apoyo, hay peticiones para que se estudien su contenido y finalidad.

C. Pluralidad

En la sección inmediatamente anterior se informó sobre el ministerio parroquial y diocesano entre los hispanos del nordeste en cierto modo en forma de ensayo. Excepto en el caso de la descripción de algunos problemas de ministerio al nivel de parroquia, la mayor parte de lo manifestado ha sido una exposición general de realidades positivas. A estas alturas, el Comité que ha preparado este informe cree que debe plantearse un problema preciso, el problema de la pluralidad. Tiene su origen claro en lo que se ha manifestado en la sección sobre los hispanos y el catolicismo americano y queda implícito por mucho de lo que se expuso y no se expuso en la sección sobre el Apostolado según llevan éste a cabo las personas y las instituciones.

En su forma la Iglesia Católica del nordeste no es una Iglesia de diversidad étnica, multinacional, ni pluralista en religiosidad, aunque de hecho lo sea... En conjunto no dice a los católicos hispanos: "Sean católicos hispanos". Más bien parece decirles: "Sean católicos". Y, desgraciada e inevitablemente, el entendimiento tácito (aunque a veces explícito) de esta expresión es "como lo somos *nosotros*". Puede preguntarse si al menos una parte clamorosa de la Iglesia Católica Americana no tiene ella misma inconscientemente la misma ideología desprestigiada del "melting pot" con la que durante más de cien años se oprimió a los grupos cuyos descendientes ejercen ahora predominio sobre ella.

Los hispanos que llegan al nordeste no tienen auténtico derecho a esperar que el modelo del catolicismo local sea el mismo que el de la cultura hispánica. No tienen derecho en absoluto a esperar que su propio modelo se convierta en el del resto de la Iglesia de la región. Sin embargo, sí tienen derecho a "ser católicos hispanos" aquí, con respecto hacia los demás y derecho a ser respetados. De los que tienen funciones pastorales tienen derecho a recibir más ayuda y aliento en su catolicismo. Igualmente, tienen derecho a recibir orientación y comprensión hasta que se hayan integrado física, psicológica y culturalmente en el nordeste.

En este contexto, la participación hispana en la toma de decisiones y la inclusión de hispanos como compañeros en empresas de la Iglesia de la comunidad a todos los niveles tienen importancia. Más que muchos otros grupos étnicos, los hispanos dan valor a su participación como hispanos y como iguales en los diversos cuerpos de la estructura y el funcionamiento de la Iglesia. Una breve serie de conversaciones sinceras mostrarán que los hispanos que participan, manifiestan una verdadera sensación de exclusión de la comunidad por parte de la Iglesia de habla inglesa, a todos los niveles en los que se toman las decisiones. El miembro hispano simbólico de no pocas comisiones es reconocido como tal.

La Iglesia establecida aparece entonces como una Iglesia que *atiende* a los hispanos, que les *asiste,* que tiene "misioneros" para los recién llegados. Los hispanos son una minoría (aunque constituyan la mayoría en algunos lugares) y se sienten como una parte secundaria de la obra y del grupo que compone la Iglesia establecida. La Iglesia del nordeste mantiene su identidad antigua. Intenta abarcar a los recién llegados asidua y sinceramente, pero dentro de su propio contexto establecido. Quizás, desde un punto de vista realista, como un conjunto de seres humanos, no pueda hacer otra cosa. Pero esto debiera reconocerse. Si un pueblo bautizado con una creencia común constituye una Iglesia, la población hispana es ya la Iglesia Católica del nordeste, (desorganizada, no afiliada institucionalmente, pero la Iglesia, no obstante, llegando a coexistir con la Iglesia ya establecida en la región) aunque, con su propia identidad. Siendo esto así, los hispanos no deberían ser atendidos ni asistidos como una "minoría" por una parte de la Iglesia que se considera a sí misma la mayoría. Más bien debiera aceptarse su catolicismo por lo que tiene que ofrecer y debiera ayudársele a desarrollar sus elementos positivos en una nueva región geográfica. ¿Cómo? A gran escala, no se ha contestado a la pregunta. Parece evidente que ha habido parroquias en las que se han hecho progresos. Pero es cierto que esto no es la regla del programa.

D. El Futuro

Ante la Iglesia del nordeste, su personal y sus instituciones se presenta una labor fundamental. Si se cuentan como católicos todos los que dicen que lo son, algunas de sus diócesis son ya tan hispanas como cualquier otra cosa. Otras parece que llegarán a serlo pronto. Careciendo de personal capacitado adecuado, con insuficientes fondos, con poca comprensión popular de los problemas, los responsables deben no obstante tratar de atender a las exigencias que se les presentan.

Adivinar el futuro es un juego que los jugadores pierden tan fácilmente como ganan. Salvo con respecto a la muerte, sólo hay probabilidades. No obstante, la prudencia requiere que uno actúe con cuidado considerando esas probabilidades. La población hispana, del nordeste, joven, mayormente urbana y pobre, aumentará. Su crecimiento natural debido al alto índice de natalidad que sobrepasa enormemente al de otras poblaciones que se identifican como católicas, continuará aumentando con toda probabilidad con oleadas de inmigrantes, tanto legales como indocumentados, y refugiados de los países hispanos del Caribe y de otras regiones de América Latina. La inmigración puertorriqueña al nordeste así como la hispana y latinoamericana en general, continuará, aunque no se pueda saber su extensión.

Sería inútil repetir aquí las múltiples dificultades sociales, económicas, culturales, administrativas y pastorales de la comunidad hispana, cuya existencia se ha indicado en este informe de manera implícita y explícita. De la misma forma que aquéllas exigen ahora una reacción de parte de la Iglesia de la región, continuarán exigiéndola, de forma nueva y de la misma forma que antes. Las diócesis de la zona han hecho frente a algunas de estas dificultades lo mejor que ha podido. A otras no las han hecho frente. Algunas exigen una reconsideración; otras, que se espera que aumenten, necesitan esfuerzos intensivos. Los obispos y los que comparten con ellos la responsabilidad, deben determinar las prioridades entre todas ellas y seguir con la puesta en práctica de las medidas apropiadas que permitan los recursos disponibles. La descripción de la realidad que se ha hecho en estas páginas, parece ser algo alarmante. El valor evangélico y la determinación parecen ser finalmente la única esperanza firme con respecto a la labor inmediata.

Al pasar los años y a medida que los niños de la comunidad hispana vayan convirtiéndose en adultos, la americanización de éstos será evidente. Nadie puede saber con seguridad lo que esto significará para la Iglesia. En el informe se ha hecho referencia a la enorme necesidad de apoyo de la identidad cultural de la población hispana del nordeste. También se ha manifestado que la Iglesia Católica es el medio natural de este mantenimiento. A pesar de todas las presiones, los hispanos en conjunto no pueden asimilarse y no se asimilarán. No se americanizarán hasta el punto de destruir sus valores étnicos particulares y su patrimonio cultural. Como medio natural de apoyo para los hispanos, la Iglesia puede ayudar a la integración necesaria de los hispanos en el nordeste. Aunque, para muchos, la integración significa asimilación, es decir, adoptar las costumbres de otros y amoldarse a estructuras extranjeras, su verdadero sentido no es ese. Es necesario llevar a cabo un diálogo entre representantes de la cultura dominante y la cultura hispánica dentro y fuera de la Iglesia, por el bien de todos. Los hispanos deben adaptarse, pero al mismo tiempo, la mayoría debe también ceder. Al actuar de este modo ambos se beneficiarán. La Iglesia tiene aquí un papel importante que puede desempeñar.

Las Iglesias protestantes, los Testigos de Jehová y los Mormones, tienen mucho éxito en separar a los católicos hispanos de la fidelidad católica. Los observadores generalmente están de acuerdo en que, por lo menos, el 10% de los hispanos del nordeste han dejado de identificarse como católicos y se declaran miembros de otros grupos religiosos. Estos grupos gastan grandes cantidades de dinero y utilizan mucho personal en reclutar personas que se conviertan. Además, las Iglesias, particularmente las fundamentalistas, han estimulado a los hispanos a ser ellos mismos. Han dado facilidades para que surjan dirigentes hispanos, aunque sean modestos y con poca preparación, y han estimulado la religiosidad hispana insistiendo en un sentimiento a la práctica.

(La fuerza del espiritismo y la santería en las zonas hispanas de la región se debe, en parte al menos, a su capacidad similar de hacer que los hispanos se sientan ellos mismos. Aunque estas prácticas religiosas no destruyen la pertenencia nominal a la Iglesia Católica, engañan a la gente y perjudican su evolución como cristianos).

Es dudoso que los hispanos como grupo puedan llegar alguna vez a sentirse en su propio ambiente siendo protestantes fundamentalistas o perteneciendo a cualquiera de las Iglesias no rituales. Nuestra Señora, los santos y los días de fiesta constituyen su posesión cultural, así como la expresión religiosa. No obstante, lo que encuentran en otras partes es un buen recibimiento y aceptación social, así como en puestos dirigentes. Si el catolicismo hispano ha de desarrollarse en nuestra región en proporción al número de hispanos, esto debe llegar a ser más ampliamente la realidad en las parroquias católicas de la región de lo que es en la actualidad.

Como se dijo antes, los hispanos son ya la Iglesia. Es verdad que tienen en comparación pocos sacerdotes y religiosos en el nordeste que sean de los suyos, pero la posibilidad que tienen de contribuir a su propio clero guiados por sus nuevos obispos de aquí ha empezado sólo a utilizarse. Las vocaciones son escasas. Hay que tratar de obtenerlas. No obstante, si no surgen pronto, las mujeres y los hombres laicos que desean proclamar el evangelio en la Iglesia Católica a sus prójimos hispanos, como nos muestra la experiencia, están ahí disponibles en grandes cantidades. Necesitan conocimientos, orientación, responsabilidad y tener voz en la Iglesia. El nuevo país de estos católicos trasplantados puede convertirse en un país agradable a través de los esfuerzos de aquéllos. El catolicismo hispano perdurará y se adaptará a esta región sólo si los hispanos tienen un papel extenso en él. Esto no es algo gratuito. Al referirnos a los hispanos católicos, nos referimos a la cuarta parte de la Iglesia nominal de la nación, a una proporción que se aproxima a ésta en el nordeste. Los hispanos no son una minoría en el sentido que la palabra da a entender a la mayoría de la gente. Están bien junto con la mayoría. Sólo las personas heroicas permanecen en donde los demás no les reconocen su puesto legítimo.

El Evangelio, lo mejor de la historia de la Iglesia, el Vaticano Segundo, las enseñanzas de los papas y de Conferencias como la de Puebla, dicen que la Iglesia ha de optar por los pobres. Los pobres de la Iglesia del nordeste, ahora y durante el futuro próximo, son fundamentalmente sus hispanos. ¿Es injusto decir que ésta debiera optar por ellos?

NOTAS DE LA SEGUNDA PARTE

[1] Las personas que participaron en las discusiones y consultas de las que surgieron los siguientes comentarios son sacerdotes, religiosos y personas laicas hispanas y no hispanas de toda la región. Proceden de prácticamente todos los estratos educativos, económicos y sociales. No obstante, el comité de redacción debe tener y asumir la responsabilidad final de estas conclusiones.

[2] La cuestión de la asistencia a misa es algo especialmente válido para observar la diferencia entre los grupos étnicos hispanos y las comunidades sociales. Son muchas las observaciones que se pueden hacer a este respecto.

[3] Las estimaciones están basadas en una encuesta llevada a cabo por el "Centro de Pastoral para los Hispanos del Nordeste", "Una Encuesta sobre los sacerdotes hispanos en el nordeste de los Estados Unidos". Nueva York, 1979.

[4] Todo lo inmediatamente anterior procede fundamentalmente de amplias conversaciones y reuniones entre el clero hispano adjunto o externo de la región, el personal del "Centro de Pastoral para los Hispanos del Nordeste" y los miembros del comité de redacción. Los análisis semejantes que aparecen posteriormente carentes de fuentes reconocidas resultan de un proceso similar.

[5] Datos estadísticos del "Centro de Pastoral para los Hispanos del Nordeste".

[6] Constitución Dogmática sobre la Iglesia, N. 29.

[7] Comisión de Obispos sobre el Diaconado, *Permanent Deacons in the United States: Guidelines on Their Formation and Ministry*. Washington, D.C.: U.S.C.C., 1971.

[8] En los periódicos son abundantes los escritos sobre el diaconado en evolución y en la práctica. Para obtener una perspectiva desde el interior véase *Diaconal Quartely*, boletín de la Comisión de Obispos sobre el Diaconado Permanente. (Washington, D.C.: U.S.C.C.)

[9] Estas estimaciones están basadas en los resultados parciales de una encuesta en curso sobre las hermanas hispanas en el nordeste, llevada a cabo por el "Centro de Pastoral para los Hispanos del Nordeste".

El Centro de Pastoral para los Hispanos del Nordeste

A. Historia

En junio de 1972 tuvo lugar en Washington, D.C., el Primer Encuentro Nacional Hispano de Pastoral. Patrocinado por los Obispos Católicos de los Estados Unidos, bajo la dirección de Pablo Sedillo Jr., Director del Secretariado para los Asuntos Hispanos de la Conferencia Católica Nacional de Obispos y de la Conferencia Católica de los Estados Unidos, su propósito fue empezar la elaboración de un plan pastoral para la comunidad hispana, que constituye aproximadamente la cuarta parte de los católicos americanos.

Entre las múltiples conclusiones del Encuentro Nacional figuraron las siguientes recomendaciones: 1) Llevar a cabo reuniones regionales con el fin de crear interés por los hispanos 2) Preparar personal y recursos y coordinarlos en las diócesis de cada región. 3) Establecer oficinas pastorales regionales en todo el país para coordinar la programación pastoral y la planificación.

En febrero de 1973, en una reunión de coordinadores de educación religiosa de las diócesis del nordeste, se decidió que tal reunión regional debía llevarse a cabo tan pronto como fuera posible. Su objeto sería ayudar en el establecimeinto de un centro pastoral para el nordeste y emprender un estudio de la realidad pastoral existente en el nordeste con el fin de elaborar un plan coordinado de acción pastoral regional. La reunión se llevó a cabo en Holyoke, Massachussetts, en noviembre de 1974.

Como resultado del Encuentro del Nordeste, de 1974, surgió el Comité de Pastoral para los Hispanos del Nordeste. Cada una de las cuatro regiones episcopales nombró a uno de sus obispos miembros del mismo. Cada región igualmente envió sacerdotes, religiosos y personas laicas como representantes en proporción a su población hispana. El conjunto completo de los 27 miembros se reunió por primera vez en Washington, D.C., en enero de 1975.

El Comité del Nordeste presentó una propuesta para la creación de un Centro de Pastoral para los Hispanos del Nordeste, en junio de 1975. Declarando que la estructura de la Iglesia no es para ella misma sino para los que forman parte de ella y que todos los que la integran tienen la responsabilidad y la obligación de servir siempre a Cristo y continuar su misión apostólica de evangelización y justicia en el mundo, el Comité basó su propuesta en los mandatos del evangelio y las enseñanzas del Concilio Vaticano Segundo. En su labor de formulación de una propuesta, el Comité del Nordeste recibió considerable ayuda y orientación del personal del Secretariado Nacional para los Asuntos Hispanos, bajo la dirección de Pablo Sedillo Jr.

El fin del Centro establecido en la propuesta fue el de la promoción del compromiso de la comunidad hispana con respecto al esfuerzo común de renovación, crecimiento y desarrollo de la iglesia en el nordeste de los Estados Unidos. Se determinaron los siguientes objetivos concretos: promoción en toda la región de las vocaciones hispanas, formación y capacitación pastoral de personal no hispano para el apostolado hispano, formación cristiana de los dirigentes y el clero hispanos y las personas laicas hispanas, elaboración de programas especiales para la juventud hispana, promoción de la formación cultural teniendo en cuenta a los grupos étnicos hispanos representados en el nordeste, realización de estudios sobre los programas pastorales y catequísticos existentes en el nordeste, preparación de programas pastorales y catequísticos a nivel regional, provisión de servicios de consultores pastorales, catequísticos y culturales para las diócesis miembros, colaboración con el Secretariado Nacional para los Hispanos y preparación y conservación de archivos de material pastoral, cultural y catequístico.

En febrero de 1976, se abrió el Centro de Pastoral para los Hispanos del Nordeste que alquiló unas oficinas en la ciudad de Nueva York. En abril de ese mismo año lo inauguró oficialmente en una ceremonia el Cardenal Cooke. Le ayudaron en ella los obispos Mugavero, Snyder, Mahoney y Schad. El interés intenso y el apoyo continuo del Cardenal Cooke le llevaron a invitar a la nueva generación a establecerse de forma permanente en agosto de 1977 en el Centro Católico de Nueva York, situado en el número 1011 de la Primera Avenida.

La dirección y los objetivos del momento del Centro los establecen la junta directiva, cuyos miembros son los mismos que los del Comité de Pastoral para los Hispanos del Nordeste. Los miembros iniciadores que llevaron a cabo su labor desde la reunión de Holyoke, en noviembre de 1974, hasta la apertura del Centro en 1976, fueron: Sra. Encarnación de Armas (Brooklyn), P. José Alonso (Paterson), P. José Alvarez (ciudad de Nueva York), Sra. Rosa Correa (Bridgeport), Sr. Luis Fontanez (ciudad de Nueva York), Dr. Enildo García (Brooklyn), Sr. Edward Kalbfleish (ciudad de Nueva York), Sr. Hernán Machicado (Boston), P. Kenneth J. Smith (Worcester), P. Sean O'Malley (Washington, D.C.), y el P. Luis Valdivieso (Arlington). Los miembros episcopales fueron los obispos Schad (Camden), Mahoney (ciudad de Nueva York), Daily (Boston), Gracida (Pensacola-

Tallahassee) y, más tarde, Snyder (Brooklyn). Juntos prepararon lo que sería el Centro de Pastoral para los Hispanos del Nordeste. Dieron a éste su visión inicial.

El Comité Regional y la Junta Directiva del Centro actuales se compone de las siguientes personas:

P. Michael Bafaro (Worcester), Dr. Claudio Benedi (Washington D.C.), Sr. Edison Blanco (ciudad de Nueva York), Srta. Haydee Borges (ciudad de Nueva York), Srta. Sandra Capellán (Brooklyn), Sr. Isidro Castro (ciudad de Nueva York), P. Octavio Cisneros (Brooklyn), Sr. Isidoro García (Trenton), Srta. María de los Angeles García (Newark), Sr. Rafael González (Manchester), Srta. María Pilar Latorre (Boston), Sr. Florencio Lebrón (Paterson), Sr. Octavio Ledón (Richmond), Sr. José Lozada (Filadelfia), Sra. María Machicado (Boston), Sr. Edwin Marini (Rockville Centre), P. José A. Salazar (Norwich), Hna. Margarita Vélez (Washington, D.C.) Los miembros obispos son: Obispo James C. Burke (Wilmington), Obispo Francisco Garmendia (ciudad de Nueva York), Obispo Peter A. Rosazza (Hartford), Obispo James L. Schad (Camden) y Obispo René A. Valero (Brooklyn).

Los miembros del personal comprenden a su actual Director Ejecutivo, Sr. Mario J. Paredes, y a la Administradora de la oficina, Srta. Carmen A. Castro. Ambos componían todo el personal cuando se fundó el Centro en 1976. A los pocos meses se les unió el P. Kenneth J. Smith como Coordinador Pastoral. También se contrató en ese momento a dos personas como secretarias. En 1979, el P. Rutilio del Riego comenzó a coordinar la promoción vocacional entre los hispanos de la región, con el patrocinio del Centro y en cooperación con las asociaciones de las diócesis miembros. La Sra. Pauline Rosario y la Srta. Jennie Rodríguez emprendieron la labor de coordinar los institutos de formación de dirigentes de las zonas. (Estos institutos ahora tienen un futuro incierto, debido a dificultades en la obtención de fondos). Durante algún tiempo, los programas del Centro para la juventud los coordinaron la Sra. Rosa Correa y el hermano Karl Koenig. Esta responsabilidad la ha asumido ahora la Srta. Carmen A. Castro. El año pasado el P. Juan Díaz, S.J., empezó a trabajar en un proyecto de evangelización para los hispanos del nordeste. Recientemente, el P. Kenneth J. Smith dimitió de su puesto de Coordinador Pastoral del Centro y le sustituyó el P. José A. Flores.

Otros han trabaajdo para el Centro de forma temporal o limitada para determinados programas. Entre ellos el P. Robert Stern, el P. Pablo Straub y el hermano Eduardo Alvarez, S.J.

132

Además muchas otras personas han colaborado en calidad de auxiliares o como consultores. Son demasiados para poder indicar todos sus nombres.

Según la propuesta inicial, el apoyo económico del Centro procede de las diócesis de la región. A cada diócesis le corresponde pagar con arreglo al número de hispanos de la misma. Aunque casi todas las diócesis de la región han contribuido al mantenimiento del Centro regularmente, más del 50% del apoyo económico de éste proviene de la Arquidiócesis de Nueva York y de la diócesis de Brooklyn. Estas dos diócesis tienen más de la mitad de la población hispana del nordeste. Su apoyo económico firme asegura el funcionamiento cotidiano del Centro al servicio de todos.[1]

Otros fondos con destino al Centro han procedido de varias fuentes. Entre ellas se incluyen: la Junta Americana de las Misiones Católicas, la Campaña para el Desarrollo Humano, la Fundación Loyola, los Padres Maryknoll, "Missionhurst", "Our Sunday Visitor", los Padres Palotinos, la Fundación Paúl, los Padres Paúles.

B. Las Funciones del Centro

El Centro de Pastoral para el Nordeste surgió porque los católicos hispanos pidieron que se crease. Sin embargo, las personas responsables dentro de la Iglesia, los obispos y los que asisten a estos, no hubieran accedido a la petición de los Encuentros de no haberse dado cuenta ellos mismos de las necesidades que había que satisfacer y que no podían ser satisfechas de otra manera. Sin embargo, el Centro de Pastoral para el Nordeste no es una respuesta pastoral hacia sus comunidades hispana; es una asociación auxiliar, no funciona al margen de ls demás. Siguiendo principios de subordinación, las diócesis del nordeste dependen principalmente de los recursos locales. Solamente cuando las personas responsables perciben eventualidades a las que no se puede responder con tales recursos, aquéllas crean y utilizan una nueva entidad institucional como suplemento a sus propias actividades. Por lo tanto, la utilidad del Centro de Pastoral para el Nordeste consiste en aumentar y facilitar los esfuerzos pastorales existentes en las diócesis que lo patrocinan.

Para su estudio, las funciones del Centro durante estos cinco años se dividen a continuación en tres partes generales: 1) servicios a las personas 2) servicios interdiocesanos 3) servicios realizados a nivel nacional.

1) *Servicios a las personas*

La existencia del Centro de Pastoral para el Nordeste ha impulsado a muchos sacerdotes hispanos nativos y a hermanas hispanas a pedir asistencia para obtener consejo y guía espiritual. Muchos han llegado al país sin saber inglés y no han hallado forma de realizar retiros anuales significativos, ni de comunicar sus necesidades espirituales más profundas.

Durante los cinco años últimos, se han llevado a cabo retiros en español para sacerdotes que ejercen su labor pastoral con los hispanos. Han asistido a ellos un promedio de 55 sacerdotes. Es importante señalar que, al primero de estos retiros asistieron 70 sacerdotes, muchos de los cuales no habían efectuado un retiro durante años a causa de la barrera del idioma.

Los directores de los retiros han sido el obispo Alberto Iniesta, obispo auxiliar de Madrid, el arzobispo Patricio Flores, de San Antonio, el P. Segundo Galilea, notable teólogo pastoral latinoamericano, el cardenal Vicente Enrique Tarancón, arzobispo de Madrid, y el cardenal Eduardo Pironio, prefecto de la Sagrada Congregación para los Institutos Seculares y Religiosos.

El Centro también ofrece retiros para religiosos y religiosas en español. Hay aproximadamente 350 hermanas hispanas en nuestra región. En la actualidad existe una necesidad urgente de medios para proporcionar guía espiritual adecuada a estas hermanas. Muchas de ellas luchan por satisfacer las necesidades espirituales de la comunidad hispana sin una oportunidad de satisfacer sus propias necesidades espirituales. Debido a la carencia de fondos este servicio tuvo que ser interrumpido en 1980.

Igualmente, reconociendo la dificultad del idioma, el Centro ofrece seminarios frecuentes y cursos que proporcionan a los sacerdotes y hermanas hispanos una puesta al día en teología, liturgia y pastoral, así como sobre las Sagradas Escrituras. Estas oportunidades educativas están disponibles igualmente para las personas laicas del apostolado. En los programas participan expertos en sus respectivos campos. También se adaptan para cubrir las necesidades locales de determinados lugares que los solicitan.

2) *Servicios Interdiocesanos*

En junio de 1976, el Centro organizó su primer Instituto de verano bajo la dirección del P. Alonso Schoekel del Instituto Bíblico Pontificio de Roma. Más de 140 sacerdotes y religiosas asistieron a él durante el día y más de 300 personas laicas por la noche. Este empeño original tenía un doble propósito: efectuar una capacitación en erudicción bíblica actual y establecer contactos personales entre los dirigentes del apostolado hispano de la región.

Este instituto fue uno de los primeros de múltiples institutos y programas organizados periódicamente y ofrecidos por el Centro poniendo en práctica su función de capacitación para cientos de clérigos, religiosos y personas laicas, hispanos y no hispanos, en toda la región. Compartiendo los recursos y con un personal especializado en el Centro, la Iglesia Católica del nordeste ha facilitado el necesario proceso educativo y asegurado una serie de programas destinados a satisfacer las necesidades de la región.

En la lista de servicios interdiocesanos se incluyen conferencias sobre inmigración, derechos humanos, educación religiosa y las mujeres en el ministerio. Las Conferencias sobre Puebla, Panamá y los cubanos en el nordeste son algunas de las muchas que trataron sobre temas específicos de interés. Además se han originado seminarios sobre la familia hispana, música litúrgica caribeña, religión popular caribeña y "Navidad en el Caribe", en respuesta a peticiones de presentación de los orígenes socio-culturales realizadas por los que toman parte en el apostolado. En un intento de afirmar los conocimientos pastorales, el Centro ha llevado a cabo días de estudio dirigido sobre *Evangelii nuntiandi, Catechesis Tradendae, Redemptor hominis* y *Laborem exorcens* en varios lugares de la región.

Desde sus comienzos, el Centro de Pastoral para el Nordeste ha mantenido relaciones estrechas con el "Instituto Diocesano de Lengua" de Brooklyn. El Centro ha dado un impulso cultural-pastoral al programa profesional de lengua ya existente. Esta colaboración ha ayudado a un promedio anual de 60 estudiantes a conseguir no sólo un conocimiento profesional de la lengua, sino igualmente una capacidad de comunicarse a través de las diferencias culturales con una orientación pastoral definida.

Una de las tareas más significativas efectuadas por el Centro de Pastoral para el Nordeste ha sido la creación de la Conferencia de Directores Diocesanos del Apostolado Hispano. Esta Conferencia se reunió primero en Filadelfia en 1976. Participaron en ella diecisiete directores. Su primer presidente fue Monseñor William Reynolds, veterano del apostolado hispano en Camden. El segundo presidente fue el P. Thomas Craven, de Filadelfia, que ha tomado parte en el apostolado durante más de veinte años. (La Conferencia de Directores Diocesanos existe independientemente del Centro. No obstante, aún recibe asistencia de él).

El objetivo de la Conferencia de Directores Diocesanos ha sido crear vínculos de comunicación mutua entre los diversos ministerios hispanos del nordeste.

Igualmente se ha esforzado en establecer una comunicación estrecha con los dirigentes pastorales de las diferentes zonas de las que proceden la mayoría de los hispanos que inmigran al nordeste. Se tomó al principio la decisión de llevar a cabo una reunión anual en una de estas mismas zonas. La reunión debía organizarse de tal forma que participara en ella la Iglesia local. El Centro ha podido efectuar la planificación general y la investigación cuidadosa necesaria para estos viajes. Hasta el presente se han llevado a cabo reuniones en Puerto Rico (1977), Santo Domingo (1978), Panamá (1979), Sudoeste de los Estados Unidos (1980) y de nuevo en Puerto Rico en 1981. (Esta última reunión estuvo destinada a fortalecer el diálogo e intercambio entre Puerto Rico y las diócesis del nordeste).

Las reuniones anuales en los lugares de los cuales procede la población hispana del nordeste han resultado ser una de las mejores experiencias educativas organizadas por el Centro de Pastoral para el Nordeste. Los contactos con otras culturas y el diálogo con la jerarquía de esas zonas han contribuido a causar una presencia pastoral más auténtica entre la amplia población hispana inmigrante del nordeste. Observar la dimensión de la antigua vida social, económica y política de los inmigrantes hispanos ha sido de un valor inestimable.

En gran parte con la misma orientación que la Conferencia de Directores Diocesanos, se ha establecido una organización interdiocesana de coordinadores de educación religiosa hispana. Cada cuatro meses, los coordinadores de quince diócesis se reúnen para intercambiar ideas, realizar estudios, reflexionar y planificar con respecto a problemas comunes. Al igual que la Conferencia de Directores Diocesanos, este grupo está vinculado al Centro de Pastoral pero permanece autónomo. Su presidenta es María Pilar Latorre, de Boston.

El primer objetivo de la Conferencia de Coordinadores de Educación Religiosa era un instituto catequístico regional para la capacitación de profesores hispanos de religión. Con la ayuda en la organización y la experiencia del Centro de Pastoral para el Nordeste, así como la asistencia de la doctora Marina Herrera, del Departamento de Educación de la Conferencia Católica de los Estados Unidos, se llevó a cabo un programa de capacitación de doce días en Paterson, en 1979. Participaron en él ciento cuarenta catequistas laicos. Este fue el primer paso importante de un proceso continuo de colaboración regional en el campo de la educación religiosa.

Un segundo proyecto pedido por los coordinadores de educación religiosa fue el de la cooperación interdiocesana en el proceso de evangelización. Este proyecto se ha iniciado con la asistencia a tiempo completo del Padre Juan Díaz, S.J., del personal del Centro de Pastoral para el Nordeste, con fondos del Consejo Americano de Misiones Católicas. Ha consistido en la identificación de las necesidades, la creación de material y la capacitación de personas para efectuar la labor de evangelización popular. Se han publicado dos libros, Uno, *El Dios de Nuestros Padres,* presenta la tradición católica de los hispanos como parte de la identidad de éstos. El otro, *Buscando Nuestra Identidad,* es un manual de capacitación para el proyecto en práctica. Utilizando estos y otros materiales, grupos de personas en Brooklyn, Boston, Harrisburg, Hartford, Newark y Nueva York han seguido sesiones de capacitación de diez semanas y se hallan participando activamente en los esfuerzos de evangelización. Otras partes del proyecto en su totalidad comprenden la preparación de una catequesis mariológica firme para el 450 aniversario de la aparición de Guadalupe, programas de radio y otras actividades en los medios de comunicación.

Por su parte, los coordinadores de educación religiosa de la región han reconocido que son vínculos esenciales en los programas de educación actuales que son necesarios para la población hispana de la región. Aportan su capacitación y experiencia tanto en lo que respecta a la planificación como a la dirección de los diversos institutos de verano del Centro.

Similar a la Conferencia de Directores Diocesanos y a la de Coordinadores de Educación Religiosa es la Asociación de Diáconos Hispanos. Con alrededor de 220 hispanos ordenados diáconos que ejercen su ministerio en la región, el Centro comprendió la necesidad de ofrecerles un foro común y asistencia para responder a su vocación. La primera reunión de estos diáconos tuvo lugar en 1977 en la arquidiócesis de Newark bajo la dirección del diácono Luis Fontanez, de la arquidiócesis de Nueva York.

Una conferencia importante para diáconos hispanos se celebró en 1980 en la Universidad de Fairfield, en Bridgeport, Connecticut. Organizada por un equipo de diáconos locales bajo la dirección del diácono Dr. Guillermo Romagosa, de la arquidiócesis de Nueva York, en la reunión se trataron los problemas con que se enfrentan los diáconos permanentes en general y los diáconos permanentes hispanos en particular. Su objetivo era crear medios con los que poder conseguir mejorar el desarrollo de su identidad como diáconos y como ministros hispanos del nordeste de los Estados Unidos. También se habló de la posibilidad de efectuar servicios de valor para los diáconos y los programas de diaconado de las diócesis de la región.

Reconociendo la importancia de las vocaciones en la misión pastoral de la Iglesia, el Centro de Pastoral para el Nordeste ha organizado tres reuniones de seminaristas hispanos de la región. También ha designado a uno de los asistentes del personal de tiempo completo, P. Rutilio del Riego, coordinador de los proyectos vocacionales. En octubre de 1979, el Centro organizó una conferencia de tres días sobre las vocaciones hispanas para los directores diocesanos y de vocaciones religiosas, junto con los rectores de los seminarios. Alrededor de cien de los invitados asistieron a la conferencia. Discutieron e intercambiaron sus ideas sobre la situación vocacional crítica que ha de ser afrontada teniendo en cuenta a la continuamente creciente población hispana del nordeste.

Más de 50 obispos del nordeste se reunieron en la Casa de Retiro del Cardenal Spellman en la ciudad de Nueva York, en octubre de 1977. Habían aceptado una invitación del cardenal Cooke para pasar tres días reflexionando sobre la comunidad hispana y la Iglesia de la región. Igualmente tomaron parte en la reunión 16 obispos latinoamericanos que habían sido enviados como delegados con este propósito por sus conferencias episcopales. Ocurrió que este fue el primer encuentro pastoral organizado en gran escala entre las jerarquías latinoamericanas y estadounidenses. Los coordinadores de la Conferencia, el P. Robert Stern y el personal del Centro de Pastoral para el Nordeste, prepararon la intervención de los conferenciantes y la participación de otras personas bien informadas. Se acordó que la experiencia resultó fructuosa tanto para los participantes como para la Iglesia en conjunto.

En octubre de 1978, el Centro de Pastoral para el Nordeste reunió a más de noventa superiores importantes de las comunidades religiosas del nordeste para llevar a cabo un taller de tres días sobre la realidad de los hispanos con respecto a la Iglesia. Estos superiores se reunieron e intercambiaron sus experiencias con dirigentes hispanos nacionales y locales, en un esfuerzo para llegar a algunas conclusiones sobre lo que las comunidades religiosas podrían hacer para adelantar la labor de evangelización en las comunidades hispanas. Igualmente tomaron parte activa representantes de la Conferencia de Religiosos Latinoamericanos, con lo que se subrayó la catolicidad y la naturaleza supranacional del testimonio religioso de la Iglesia. La Conferencia la dirigió el hermano Eduardo Alvarez, S.J.

Para todas las ideas del Centro con respecto a las necesidades pastorales contemporáneas, ha sido fundamental el interés por llevar a cabo una labor pastoral con los jóvenes.

El Congreso Eucarístico Internacional de Filadelfia, de 1976, representó la primera ocasión para que el Centro ejerciera una labor con los jóvenes. En cooperación con el movimiento de las Jornadas y bajo la dirección del P. Juan Amengual, C.M., el Centro ayudó a facilitar siete meses de programas de promoción para preparar el Congreso. Como resultado de estos esfuerzos, más de 5,000 jóvenes hispanos de la región fueron al Congreso y tomaron parte en él. En particular, estos jóvenes participaron con gran entusiasmo en la planificación y realización de la reunión de los jóvenes del Congreso.

En 1978, tuvo lugar un encuentro de los jóvenes hispanos del nordeste auspiciado por el Centro. De la coordinación del proyecto se encargó el hermano Karl Koenig, O.F.M. Se consiguió reunir 280 jóvenes de 21 diócesis del nordeste. Estos decidieron establecer una fuerza operante continua de jóvenes de la región. Sus miembros fueron elegidos primero en el encuentro. Consiste en cuatro representantes de cada una de las cuatro regiones episcopales del nordeste. Esta comisión se reúne ahora cuatro veces al año. Actualmente está ayudando a ampliar el papel de los jóvenes hispanos en la Iglesia mediante la formación de institutos para los jóvenes. Un joven de Hartford, Héctor Ortiz, es su presidente. De la Coordinación se encarga la Srta. Carmen A. Castro, del Centro, con el hermano Jay Rivera, O.F.M., como consejero.

El Centro ha reconocido profundamente la falta de material impreso disponible en relación con la misión pastoral de la Iglesia con respecto a los hispanos de los Estados Unidos. Como respuesta, ha proporcionado dieciséis publicaciones para que las utilicen los que participan en el ministerio con las comunidades hispanas. Como preparación a la visita del Santo Padre a los Estados Unidos, se publicó una edición limitada de 5,000 ejemplares de una biografía del Papa Juan Pablo II. En cooperación con la Conferencia Católica de los Estados Unidos, el Centro produjo el texto completo en español de las actas de las sesiones y las conclusiones de la Conferencia Una Llamada a la Acción.

Un proyecto de publicación de grandes posibilidades pastorales se está emprendiendo actualmente. Se viene observando desde hace mucho tiempo la falta de un leccionario con un texto de la Biblia adecuado para todos los hispanos. Utilizando una subvención de la Fundación de los Padres Palotinos para las Causas Apostólicas, el Centro está preparando un leccionario para los domingos y días festivos con el texto de la *Biblia Latinoameircana,* una versión reconocida y aprobada por su exactitud, unida a su claridad. Será publicado en abril de 1982.

3) Servicios Nacionales

Después de cinco años de existencia, el Centro de Pastoral para el Nordeste ahora representa para muchos el punto central de la hispanidad de la Iglesia de esta región. Se pide continuamente a su director y a los miembros de su personal que participen en reuniones nacionales y en debates como representantes del catolicismo hispano del nordeste. Mediante el Centro, se hace perceptible la visibilidad de la población hispana de la Iglesia de la región. En este sentido, el Centro de Pastoral ha desempeñado un papel importante en muchas organizaciones y asociaciones y junto con ellas, entre las cuales se hallan el Secretariado Nacional para los Hispanos de la Conferencia Católica de los Estados Unidos. Estas dos asociaciones han llegado a actuar en estrecha colaboración dentro de una relación de apoyo mutuo.

Debido a que la historia ha tendido a concentrar la atención de las asociaciones nacionales de la Iglesia sobre el oeste y el sudoeste, la gran población hispana del nordeste tenía la tendencia a ser algo olvidada al nivel nacional. Mediante la labor del Centro de Pastoral, la realidad del firm eministerio pastoral hispano de la Iglesia del nordeste se está convirtiendo cada vez más en un factor en la planificación nacional. Como voz autorizada de las comunidades católicas hispanas y de los que ejercen su ministerio en ellas dentro de la zona, el Centro se ha convertido en un agente de comunicación e intercambio con las comunidades católicas hispanas y el clero del resto del país. Actualmente proporciona acceso fácil a los múltiples departamentos de la Conferencia Católica de los Estados Unidos en asuntos que afectan a los hispanos de aquí. Además, cuando es necesario, en la actualidad ofrece su reconocida experiencia y asistencia a esos departamentos y a asociaciones similares a nivel local en todas partes.

Una de las funciones básicas llevadas a cabo por el Centro es su papel de defensor, tanto local como nacionalmente, en los asuntos que afectan a las comunidades hispanas. Se han realizado grandes esfuerzos para ejercer una influencia sobre la política y su puesta en práctica en problemas como los de la educación bilingüe, la amnistía para los trabajadores indocumentados, el reconocimiento de los derechos de los trabajadores migratorios, la vivienda y las relaciones de las comunidades hispanas con la policía. La preocupación de los hispanos por sus hermanos y hermanas de los países agitados de América Latina se ha expresado mediante el Centro ante el gobierno, así como en otras partes.

A nivel nacional, el Centro de Pastoral para el Nordeste (como ya se indicó en parte) participó muy activamente en el Congreso Eucarístico Internacional de Filadelfia y también en la Conferencia de Una Llamada a la Acción, de Detroit. Bajo la dirección del Secretariado Nacional para los Asuntos Hispanos, tuvo una responsabilidad importante en la planificación del Segundo Encuentro Nacional, llevado a cabo en Washington, D.C. La importancia del Centro de Pastoral para el Nordeste en la actualidad es un hecho aceptado nacionalmente. Proporciona una voz y una presencia de los hispanos de la Iglesia Católica del nordeste que hubiera habido que establecer de no haber existido ya.

Principales proyectos ad-hoc

1. Simposio en el Felt Forum de la ciudad de Nueva York.
2. Sesión de estudio y conferencia de los obispos de la región y los obispos de los países hispánicos y varios expertos sobre el ministerio entre los hispanos.
3. El Segundo Encuentro Regional.
4. Reunión de los superiores religiosos más importantes sobre el ministerio hispano.
5. Organización y convocatoria del congreso de la juventud y los institutos.
6. Labor sobre la participación hispana y sobre aspectos del Congreso Eucarístico Nacional.

Muestra de otros empeños

1. Conferencia sobre inmigración.
2. Conferencias sobre educación religiosa.
3. Conferencia sobre las mujeres en el ministerio.
4. Jornadas de estudio sobre *Evangelii Nuntiandi* y otros documentos papales en varios lugares de la región.
5. Taller sobre Navidad en el Caribe.
6. Seminario sobre la familia hispana.
7. Conferencia sobre los procedimientos de la inmigración.
8. Conferencias sobre Panamá por el arzobispo Marcus McGrath, de Panamá.
9. Seminario sobre la música litúrgica caribeña.
10. Seminario sobre la religión popular caribeña.
11. Programa de capacitación de dirigentes en las diócesis de la región.
12. Conferencias sobre Puebla, en Baltimore y Nueva York.
13. Conferencia sobre los cubanos del nordeste.
14. Conferencia sobre los derechos humanos.

Esquemáticamente, las siguientes listas reúnen la mayor parte de los principales proyectos del Centro durante estos cinco años y presentan una muestra de los esfuerzos menos espectaculares.

Principales proyectos actuales y periódicos

1. Anualmente, un curso de español y cultura hispánica para sacerdotes, religiosos y personas laicas de la región. (Este se lleva a cabo en cooperación con la diócesis de Brooklyn).

2. Anualmente, un instituto de pastoral de seis semanas de duración para los que ejercen una labor pastoral con los hispanos y para los hispanos que se ocupan de diferentes aspectos de la formación pastoral y de la puesta en práctica de ésta.

3. Seminarios frecuentes y cursos sobre varios temas teológicos, sociales y culturales, tanto en inglés como en español.

4. Muchas publicaciones en inglés y español sobre temas referentes a los problemas hispanos y a la evangelización. Estas varían desde un folleto sobre la oración a un estudio sobre la catequesis bíblica del Nuevo Testamento.

5. Convocatoria y coordinación de reuniones anuales para comunicación y estudio entre los directores diocesanos del apostolado hispano, en compañía de las diferentes jerarquías sudamericanas y caribeñas.

6. Reclutamiento de vocaciones entre la juventud hispana del nordeste, siguiendo regularmente esta labor con los seminaristas hispanos.

7. Organización y patrocinio de retiros periódicos para sacerdotes, diáconos y religiosos hispanos de la región.

8. Preparación de retiros y jornadas de renovación para laicos hispanos de la región.

9. Jornadas de estudio, con frecuencia en diferentes lugares, para los que ejercen una labor pastoral con los hispanos.

10. Actuación como consultores en programas de los hispanos, como cursillos y comunidades de base.

11. Esfuerzos para reunir a los dirigentes de la juventud y hacer que surjan éstos entre los hispanos.

12. Organización de conferencias y seminarios para diferentes grupos de la Iglesia: obispos, rectores de seminarios, superiores religiosos, directores de vocaciones y otros dirigentes.

13. Asistencia consultiva a varias asociaciones y a su personal, tales como los Servicios Católicos de Asistencia, las asociaciones de Caridades Católicas, las oficinas de la Conferencia Católica de los Estados Unidos, etc.

Tareas diarias y ocasionales

1. Actuación frecuente como consultores de la comunidad católica hispana, y en nombre de ésta, ante representantes del gobierno y de las entidades gubernamentales así como ante la comunidad diplomática, particularmente en Nueva York.

2. Actuación en coordinación con el nordeste, y como representante de esta región, ante el Secretariado Nacional para los Asuntos Hispanos de la Conferencia Católica Nacional de Obispos y la Conferencia Católica de los Estados Unidos, tomando cada vez más un papel dirigente en ella.

3. Reuniones constantes con los que llevan a cabo una labor pastoral con los hispanos y con los grupos hispanos de la región.

4. Actuación como representantes de la comunidad católica hispana del nordeste y sus diócesis en reuniones en otras partes del país.

5. Actuación como portavoz de la comunidad católica hispana del nordeste ante la prensa y otros medios de comunicación.

6. Actuación en múltiples asuntos como enlace de la región con las jerarquías de América Latina, especialmente del Caribe.

7. Investigación y planificación efectuadas por el personal del Centro para beneficio de las diócesis de la región.

8. Provisión diaria de material, publicaciones, información y consulta a personas que participan en el ministerio en la región, mediante la oficina del Centro.

9. Actuación como punto de contacto con la Iglesia del nordeste mediante visitas a las oficinas del Centro de personas como Adolfo Pérez Esquivel, de la Argentina, ganador del Premio Nobel de la Paz, el obispo Arturo Rivera y Damas, coadjutor de San Salvador, el obispo Polanco Brito, presidente de la Conferencia Episcopal de la República Dominicana, diversos representantes de las conferencias episcopales de la Argentina, Brasil, Chile, Colombia, Ecuador, Panamá, Perú, Puerto Rico y España.

C. Conclusiones y Futuro

Los redactores del informe quisieran subrayar tres papeles que el Centro ha ejercido como la prueba de su actividad.

Primero, el Centro ha ejercido un papel de capacitación para cientos de miembros del clero, religiosos y personas laicas (hispanos y no hispanos) de toda la región, a través de sus institutos periódicos y programas especiales. Compartiendo los recursos y teniendo un personal especializado en su Centro, la Iglesia Católica del nordeste ha facilitado un proceso educativo y asegurado una serie de programas conducentes a la satisfacción de sus necesidades.

Segundo, surgió para el Centro el papel de ayudar a coordinar la labor del apostolado hispano. Esto ha ocurrido principalmente mediante la convocatoria de reuniones periódicas patrocinadas por el Centro, de los que participan en dicho apostolado. En particular, la reunión anual de los directores diocesanos en uno de los lugares caribeños o sudamericanos de los que procede la población hispana del nordeste ha sido un paso importante hacia la cooperación entre las Iglesias nacionales por el bien del apostolado del que habla Vaticano II.

Un tercer papel que ha surgido es el del puesto que tiene el Centro para muchos como el punto central perceptible de la hispanidad de la Iglesia del nordeste. Su director y otros miembros del personal participan en reuniones y discusiones como representantes aceptados del catolicismo hispano del nordeste. La visibilidad de la Iglesia de la región como una Iglesia de hispanos, así como de otros grupos adquiere una importancia identificable y deja de perderse en el conjunto.

El comité que preparó este informe está reconocidamente predispuesto, pero cree que su opinión de que el Centro ha ejercido una buena labor es correcta. Los recursos económicos del Centro han sido limitados, no obstante, ha realizado mucho más de lo que hubiera podido esperarse, debido al esfuerzo de su director y de su personal.

Los datos, el análisis y el comentario de las dos primeras partes del informe proporcionan de forma clara muchas trayectorias que el Centro podría tomar en el futuro. La recomendación del comité es que continúe haciendo hincapié en los tres papeles señalados anteriormente, es decir los de capacitación, coordinación y representación. De éstos, el comité cree que el más importante es el de capacitación, junto al de las publicaciones de investigación y la planificación para efectuar bien todo. Algunas respuestas antiguas han dado resultados, otras no. Se necesitan algunas nuevas.

Como en el caso de cualquier asociación, los programas del Centro necesitan una evaluación y una renovación constantes. Si ha de continuar siendo útil, debe encargarse de todo lo que pueda cumplir con la misión encomendada al servicio de la Iglesia y del apostolado hispano de ésta en el nordeste. Los problemas y cuestiones planteados con detalle en las dos primeras partes de este informe son numerosos y complejos. Muchos están simplemente fuera de las posibilidades del Centro. Otros esperan un encargo de solución o un esclarecimiento sobre cómo han de ser enfocados.

La lista que sigue es de campos en los que el Comité de redacción cree que han de tomarse medidas. Algunos forman parte ya del programa del Centro, pero se requiere insistir en ellos de forma continua. De otros no se ha ocupado o lo ha hecho de forma insuficiente. Se ofrece la lista para estimular la consideración de los lectores de este informe sobre la dirección que el Centro debiera tomar. Cualquier decisión sobre estos asuntos depende de la Junta Directiva del Centro y de los obispos de la región. No obstante, son indispensables las opiniones de grupos de personas como la Conferencia de Directores Diocesanos del Apostolado Hispano .

Campos en los que hay que insistir o actuar:

1. Para el personal que participa en el apostolado hispano.
   a. Para el clero y los religiosos hispanos del nordeste: preparación en el idioma; preparación en cultura y costumbres americanas; preparación en las culturas hispánicas que no sean las propias; provisión de medios para establecer una comunidad social y espiritual en los Estados Unidos, para ellos, un país extranjero.
   b. Para el clero, religiosos y personas laicas no hispanos que ejercen una labor en el apostolado con los hispanos: ayuda en la enseñanza del idioma; preparación cultural; asistencia para tratar de tender un puente entre las culturas y entre las interpretaciones religiosas.
   c. Para las personas laicas hispanas: preparación en la Biblia y en doctrina; preparación en métodos catequísticos y apostólicos; preparación de dirigentes; preparación en cultura y costumbres americanas; provisión de medios de amplia comunicación en la zona y desarrollo espiritual.

2. Comunicaciones:
   Preparación de material educativo y de propaganda para ser utilizado en los medios de comunicación en español: televisión, radio y prensa.

3. Defensa:
   Ayuda a las diócesis, parroquias y otras asociaciones de la Iglesia en sus esfuerzos en pro de la comunidad hispana en asuntos de interés: discriminación, la idea formada en torno a los recién llegados hispanos, vivienda, educación, empleo, la situación difícil de los refugiados y los inmigrantes indocumentados y otros problemas similares.

4. Identidad hispana:

  a. Promoción y explicación de la identidad cultural de los diversos grupos étnicos hispanos del nordeste, dentro de los mismos grupos y entre los demás.

  b. Promoción y explicación de la identidad no hispana de todos los grupos étnicos del nordeste.

  c. Ayuda y patrocinio en la celebración de varias festividades y otros signos de pertenencia católica que forman parte de las tradiciones de la comunidad hispana, particularmente las diversas festividades de Nuestra Señora.

  d. Promoción de la participación de los hispanos como católicos en las celebraciones seculares de pertenencia hispana.

5. Pluralidad

  a. Aumento de los intercambios entre la Iglesia de los lugares de los que procede la población nueva y la Iglesia del nordeste.

  b. Promoción de la participación de los hispanos como iguales en los diversos niveles de la organización de la Iglesia.

  c. Provisión de publicaciones y otros materiales para hispanos y no hispanos que ayuden en el necesario proceso de integración.

  d. Promoción del empleo de hispanos en puestos de responsabilidad en las diversas asociaciones de la Iglesia.

  e. Promoción de la evolución de las estructuras que permitan que los hispanos ayuden de forma más completa en el ministerio de la comunidad hispana.

  f. Actuación dentro de la comunidad hispana para crear un sentido de la responsabilidad con respecto a la Iglesia Católica de su nuevo país, incluida la responsabilidad del apoyo personal y económico.

Comité de Pastoral para los Hispanos del Nordeste

Hoja de Balance

en la fecha del 30 de junio

ACTIVO

Activo corriente:	1980	1979	1978	1977
Dinero efectivo en bancos	$35,283	$11,110	$23,615	$32,816
Cuentas por cobrar	3,041	824	856	596
Gastos pagados	2,924	13,692		
Inventario de libros	11,465	7,030		
Total activo corriente:	$52,713	$32,656	$24,471	$33,412

Activo fijo:				
Biblioteca y equipo Neto de depreciación	$22,929	$19,043		
Total activo	$75,642	$51,699	$24,471	$33,412

PASIVO Y BALANCE DE CAPITAL

Pasivo corriente:				
Cuentas por pagar	$19,533	$22,206	$ 1,372	$ 1,923
Ingresos diferidos	34,801	7,392		
Total pasivo corriente	$54,334	$29,598	$ 1,372	$ 1,923
Balance de capital	21,308	22,101	23,099	31,489
Total pasivo y balance de capital	$75,642	$51,699	$24,471	$33,412

Estado de Cuenta de Ingresos y Gastos

Para los años que terminan el 30 de junio de 1980, 1979, 1978 y 1977
con cantidades presupuestadas para el 30 de junio de 1981

	1980	1979	1978	1977	Total (4 años)	Tanto por ciento	Presupuesto para el año que termina 30-6-81
Ingresos:							
Donaciones y subvenciones	$ 80,487	$ 52,785	$ 29,500	$ 89,520	$252,292	31	$105,210
Cuotas	116,605	95,427	112,064	65,040	389,136	47	139,200
Talleres y conferencias	43,020	43,152	34,528	19,163	139,863	17	45,000
Venta de libros	23,974	857	3,486	5,772	34,089	4	10,000
Varios	5,233	1,000	3,440	986	10,659	1	1,000
Total ingresos	$269,319	$193,221	$183,018	$180,481	$826,039	100%	$300,410
Gastos:							
Sueldos, Impuestos de la nómina y cargas	$ 82,514	$ 79,664	$ 65,095	$ 58,103	$285,376	35	$114,410
Gastos de oficina	24,573	19,221	26,776	31,679	102,249	13	23,000
Gastos de viaje	18,992	11,892	29,605	25,987	86,476	11	12,500
Alquiler	11,888	11,314	14,206	14,271	51,679	6	13,000
Libros y subscripciones	11,290	897	9,489	6,418	28,094	3	1,000
Imprenta	44,099	15,318	9,629	9,394	78,440	10	21,000
Honorarios profesionales	4,622	6,405	1,086	825	12,938	2	6,500
Talleres y conferencias	63,947	50,663	34,072		148,682	18	94,500
Depreciación	4,628	3,234			7,862	1	3,500
Varios	3,559	2,146	1,450	2,315	9,470	1	3,500
Total gastos	$270,112	$200,754	$191,408	$148,992	$811,266	100%	$289,410
Exceso (déficit) de ingresos por encima de los gastos del período	$ (793)	$ (7,533)	$ (8,390)	$ 31,489	$ 14,773		$ 11,000

Diócesis	Cuota	Pagado 1976-1977	Pagado 1977-1978	Pagado 1978-1979	Cuota aumentada	Pagado 1979-1980	Pagado 1980-1981
Albany	$ 396.00	396.00	396.00	396.00	700.00	700.00	700.00
Allentown	300.00	300.00	300.00	300.00	500.00	500.00	500.00
Altoona-Johnstown	300.00		300.00	300.00	500.00		500.00
Arlington	1,260.00		300.00		1,800.00		500.00
Baltimore	360.00	360.00	360.00	360.00	700.00	500.00	500.00
Boston	2,700.00	2,700.00	2,700.00	2,700.00	3,500.00	700.00	3,500.00
Bridgeport	2,700.00		326.58	2,000.00	3,500.00	2,700.00	2,000.00
Brooklyn	32,400.00	30,000.00	30,000.00	30,000.00	35,000.00	35,000.00	35,000.00
Buffalo	720.00	720.00	720.00	720.00	1,000.00	1,000.00	1,000.00
Burlington	300.00	300.00	300.00	300.00	500.00	400.00	500.00
Camden	1,620.00	1,620.00	1,620.00	1,620.00	2,100.00	2,100.00	2,100.00
Erie	300.00		300.00	300.00	500.00		500.00
Fall River	360.00	360.00	360.00	360.00	700.00		500.00
Greensburg	300.00	300.00	300.00	300.00	500.00	700.00	700.00
Harrisburg	900.00			124.77	1,200.00	500.00	
Hartford	3,348.00		1,000.00	1,000.00	4,200.00	1,000.00	1,100.00
Manchester	300.00	500.00	300.00	300.00	500.00	500.00	500.00
Newark	10,800.00	1,527.83			13,500.00		
New York City	36,000.00	35,130.00	36,000.00	36,000.00	41,500.00	41,500.00	41,500.00

Derwich	300.00	300.00	300.00	300.00	500.00	500.00	500.00
Ogdensburg	300.00	300.00	300.00	250.00	500.00	400.00	400.00
Paterson	2,520.00	2,520.00	2,520.00	2,520.00	3,200.00	3,200.00	3,200.00
Philadelphia	3,060.00	3,060.00	3,060.00	3,060.00	4,200.00	4,200.00	4,200.00
Pittsburgh	300.00	300.00	300.00	300.00	500.00	500.00	500.00
Portland	300.00	150.00	300.00	300.00	500.00	300.00	300.00
Providence	540.00	540.00	540.00	540.00	800.00	800.00	800.00
Rochester	1,260.00	2,500.00	500.00	1,260.00	1,800.00	1,015.00	1,400.00
Rockville Centre	3,600.00	3,600.00	3,600.00	3,600.00	6,000.00	6,000.00	6,000.00
Scranton	300.00	300.00	300.00	300.00	500.00	500.00	500.00
Springfield	936.00	936.00	936.00	936.00	1,200.00	1,200.00	1,200.00
Syracuse	540.00	540.00	540.00	540.00	800.00	800.00	800.00
Trenton	1,800.00	1,800.00	1,800.00	1,800.00	2,500.00	2,500.00	2,500.00
Washington	1,800.00	1,800.00	1,800.00	1,800.00	2,500.00	2,500.00	2,500.00
Wilmington	300.00	300.00	300.00	300.00	500.00	350.00	500.00
Worcester	540.00	540.00	540.00	540.00	800.00	800.00	800.00
	$113,760.00	89,379.83	92,918.58	95,426.77	139,200.00	113,065.00	119,300.00

Publications of the

NORTHEAST CATHOLIC PASTORAL CENTER FOR HISPANICS
1011 First Avenue, New York, N.Y. 10022 · (212) 751-7045

HISPANIC CATHOLICS IN THE U.S.A.
by Dr. V. Elizondo, Dr. F. Ponce, Archbishop P. Flores, Archbishop R. Sánchez

This is a publication about Hispanic Catholics in the U.S.A., written by notable representatives of the Hispanic Catholic community of the country. These articles represent an anthology of the papers presented to the bishops of the country at the 1980 annual meeting, which was dedicated to the situation of the Hispanics.

Introduction by Mario J. Paredes

Bilingual edition   80 pages   Published in 1980   Price $2.50

POPULAR RELIGIOSITY AND HISPANIC PASTORAL WORK
by Fr. Segundo Galilea

This is a presentation of the religiosity of the Latin American people in light of their historical experience in Latin America itself as well as in light of the teachings of the Magisterium of the Church in Puebla, Mexico and its implications in the pastoral life of the Hispanics in the U.S.A.

Introduction by Archbishop Roberto Sánchez

Spanish edition only   112 pages   published in 1981   Price: $3.00

IN SEARCH OF OUR IDENTITY
by Fr. J. Juan Díaz Vilar, S.J. and the Interdiocesan Team

This book presents an evangelization program for Hispanics in the U.S.A. In the first part, it offers a reflection upon the main problems of our emigrant people. The second part gives an exposition of the strategy and development of the biblical topics of the program. In the third part, the techniques and dynamics used in the program are explained. The entire book has been so designed so that it can be shared within a small Christian community setting.

Introduction by Bishop Francisco Garmendia.

Spanish edition only   80 pages   Published in 1981   Price: $3.50

Reflections of this book have also been edited in five cassette recordings. Price: $2.00 per cassette (available in Spanish only).

DIALOGUES ON THE HISPANIC FAMILY
by the Northeast Pastoral Team

This book offers a series of common cases that many Hispanic families in the U.S.A. fall into. All the chapters of the book finish with a summarizing sociological and biblical reflection. It is not a book designed especially for reading, but rather to be used in a discussion group among adults and perhaps adolescents.

Spanish edition only

94 pages   Published in 1980   Numerous photographs   Price: $3.00

THE GOD OF OUR FATHERS
by Fr. Juan Díaz Vilar, S.J.

This book is a presentation of biblical themes containing reflections, meditations and prayers on the Word of God. The six topics are as follows: God the Creator, God the Liberator, Jesus of Nazareth, the Kingdom of God, the Mother of God, and My People. This is a book whose thought derives from the Hispanic experience.

Introduction by Bishop René A. Valero.

Spanish edition only   213 pages   Photos   1981   Price: $4.00

MIRIAM, THE GALILEAN WOMAN
by Fr. J. Juan Díaz Vilar, S.J.

This book is a presentation of María for the People. In the first part, María is shown in her human attributes. The second part is a clear and simple exposition of the Catholic Church's teaching on María. This is not a dispassionate presentation, but rather one in which all the truths of her life are living experiences of María, the Woman, which in turn represents a living symbol for our own lives. The third part shows María as a prophet and evangelizer of Latin America, and most of all, as a symbol of hope.

Introduction by Archbishop James A. Hickey

Bilingual edition   Published 1982   160 pages   Price: $4.00

Cassette with complimentary pamphlet: $3.50

VOCATION FOR SERVICE
by the Northeast Pastoral Team

This book consists of five "liturgical celebrations" on the subject of the Christian vocation. These celebrations can be readily inserted into the regular Mass service. They are designed to inspire lay members to ministerial service.

Spanish edition only   Published in 1980   90 pages   Price: $2.00

NOVENARY FOR THE DECEASED
Edited by Fr. Kenneth J. Smith

This book has been specifically designed for honoring the dead and to gain a sense of reverence for them. At the same time, it assists the living in overcoming the loss of their loved ones and reconciling their souls with the will of God. The novena is grounded in biblical reflections and has helped Hispanic Catholics in maintaining their religious traditions.

Introduction by Encarnación Padilla de Armas.

Spanish edition only   Published 1982   120 pages   Price: $3.00

OUR HISPANIC HERITAGE: A GIFT TO AMERICA AND A CHALLENGE TO OUR FAITH
by Bishops Francisco Garmendia and René A. Valero

This booklet is the 1982 pastoral message of the two Hispanic bishops of the New York City metropolitan area, issued in commemoration of the Day of Hispanic Unity, known throughout all of Latin America as *El Día de la Raza* and celebrated on the 12th of October. This message is a call to unity and faith for the Hispanic Catholic people of the U.S.A., as well as a call to joyously challenge the problems Hispanics in this country must face in the future.

Bilingual edition   Published in 1982   16 pages   Price: $0.50

THE MISSION AS PROCLAIMED IN THE GOSPELS
by Fr. Segundo Galilea

This book is intended primarily for the seriously committed Christian who is looking for ways to spread the Gospel within his immediate environment as well as within himself. In order to accomplish this ultimate task, the Christian is forced to go back to the Scriptures and confront himself with the mission of today's evangelizers.

Introduction by Bishop Theodore McCarrick

Spanish edition only   Published 1982   70 pages   Price: $2.00

JOHN PAUL II
by Mario J. Paredes

This book deals with the life of the Holy Father in his particular historical and social setting. It consists of five chapters and two appendices. This bibliography is written in a simple style and a straightforward language.

Introduction by Terence Cardinal Cooke.   Numerous photographs

Spanish edition only   Edited 1980   170 pages   Price: $3.95

LECTIONARY
by the Northeast Regional Center

This publication is designed for Sunday Mass celebration as well as for other solemnities. This lectionary contains the readings of cycle A, B and C, as well as the solemnities and other important feasts. The texts of this lectionary are taken from the Latin American Bible edition. Use of this lectionary has been approved by the National Conference of Catholic Bishops. It also includes the "General Principles for the Liturgical Celebration of the Word of God."

Concordat cum originali:
Terence Cardinal Cooke, Archbishop of New York

Spanish edition only

Hard cover edition 900 pages   Published in 1982   Price: $58.00